No roteiro
de Jesus

Sumário

Apresentação 9

1ª PARTE
Temas ligados ao início da vida
de Jesus na Terra

1   Simeão e o menino 13
2   O candidato intelectual 17
3   Pequena história do discípulo 21
4   O candidato apressado 27
5   Na subida cristã 31
6   Inesperada observação 35
7   Candidato impedido 39
8   A escritura do Evangelho 43
9   A revolução cristã 47
10 Homens-prodígio 51
11 O discípulo de perto 55

2ª PARTE
Jesus agindo (ensinando, curando, exemplificando, confortando etc.)

12 A petição de Jesus 61
13 O grande ceifador 65
14 O bendito aguilhão 71
15 Parábola simples 75
16 A lição do discernimento 79
17 No caminho do amor 83
18 A conduta cristã 87
19 O escriba enganado 91
20 Aprendizes e adversários 95
21 A única dádiva 99
22 O escriba incrédulo 103
23 O mancebo rico 107
24 Jesus e Simão 111
25 Ouvindo o Mestre 115
26 Retirou-se, Ele só 121
27 O oráculo diferente 127
28 Os maiores inimigos 131
29 Do aprendizado de Judas 135
30 O programa do Senhor 139
31 A maior dádiva 143
32 A dissertação inacabada 147
33 O adversário invisível 151

3ª PARTE
Fatos vivenciados pelo Cristo no final de sua vida na Terra

34	O caminho do Reino	157
35	Na hora da cruz	161
36	A última tentação	165
37	Servir mais	169
38	O anjo solitário	173
39	A escrava do Senhor	177
40	Lição em Jerusalém	181
41	O discípulo ambicioso	187

4ª PARTE
Jesus agindo após a sua volta ao mundo espiritual

42	A capa de santo	195
43	Louvores recusados	201
44	A divina visão	205
45	O encontro divino	209
46	A esmola da compaixão	213
47	Eles viverão	217
48	Na vinha do Senhor	221
49	A campanha da paz	225
50	Sublime renovação	231
51	Por quê, Senhor?	235

52	Depois da ressurreição	239
53	Nas hesitações de Pedro	245
54	O testemunho	249
55	A súplica final	253
56	O semeador incompleto	257
57	O quinhão do discípulo	263
58	Nas palavras do caminho	267
59	A ordem do Mestre	271
Índice geral		277

Apresentação

No roteiro de Jesus é uma compilação de textos — efetuada por Gerson Simões Monteiro —, de oito obras do Espírito Humberto de Campos (assinadas com o seu nome ou seu pseudônimo, Irmão X), psicografadas por Francisco Cândido Xavier e editadas pela Federação Espírita Brasileira.

Quem leu os livros ditados pelo Espírito Humberto de Campos, por meio da psicografia de Chico Xavier, há de concordar que eles significam um tesouro de luz inesgotável.

O mais importante desse material literário-mediúnico é o seu aspecto revelador, principalmente quando, ao relatar os fatos acontecidos com Jesus — a partir de uma visão espiritual —, retifica, em alguns casos, erros históricos de interpretação, sendo este, aliás, um dos papéis a ser desempenhado pelo Espiritismo, como foi previsto por um Espírito em 15 de abril de 1860, na mensagem dada ao médium Georges Genouillat e inserida na segunda parte de *Obras póstumas*, de Allan Kardec (FEB Editora), com o título *Futuro do Espiritismo*.

Além desse aspecto, Humberto de Campos registra, ainda, episódios vivenciados por Jesus, agindo na condição de Espírito, após a ressurreição. Tais revelações são, na realidade, outras tantas pérolas que brilham nesse tesouro de luz.

Esta coletânea tem significativo valor para as pesquisas de expositores espíritas e estudiosos da Doutrina e do Evangelho, pois que facilita a compreensão dos ensinos do Mestre, em sua obra de cunho divino na renovação da Humanidade. É, também, subsídio inestimável para a fundamentação de ordem espiritual dos estudos, alargando a visão, muitas vezes materialista ou mística, que hoje se tem de Jesus, além de servir de contribuição aos corações sedentos de paz e harmonia, no contato com as lições amorosas do Cristo.

Os capítulos da série de obras ditadas pelo Espírito Humberto de Campos, que formam No roteiro de Jesus (excetuados os livros *Boa nova* e *Brasil, coração do mundo, pátria do evangelho*, em face de sua temática específica), são relatos de diversos fatos ocorridos com o Cristo — ensinando, dialogando, curando e, sobretudo, exemplificando o seu infinito amor à Humanidade.

A EDITORA

1ª parte
Temas ligados ao início da vida de Jesus na Terra

~ 1 ~
Simeão e o menino

Dizem que Simeão, o velho Simeão, homem justo e temente a Deus, mencionado no *Evangelho de Lucas,* após saudar Jesus criança, no templo de Jerusalém, conservou-o nos braços acolhedores de velho, a distância de José e Maria, e dirigiu-lhe a palavra, com discreta emoção:

— Celeste Menino — perguntou o patriarca —, por que preferiste a palha humilde da manjedoura? Já que vens representar os interesses do eterno Senhor na Terra, como não vestiste a púrpura imperial? como não nasceste ao lado de Augusto, o divino, para defender o flagelado povo de Israel? Longe dos senhores romanos, como advogarás a causa dos humildes e dos justos? Por que não vieste ao pé daqueles que vestem a toga dos magistrados? Então, poderias ombrear com os patrícios ilustres, movimentar-te-ias entre legionários e tribunos, gladiadores e pretorianos, atendendo-nos à libertação... Por que não chegaste, como Moisés, valendo-se do prestígio da casa do faraó? Quem te preparará, Embaixador do Eterno, para o ministério santo? Que será de ti, sem lugar no Sinédrio? Samuel mobilizou a força contra os filisteus, preservando-nos a superioridade; Saul guerreou até a morte, por manter-nos a dominação; Davi estimava o fausto do poder; Salomão, prestigiado por casamento de significação política, viveu para administrar os bens enormes que lhe cabiam no mundo... Mas... Tu? Não te ligaste aos príncipes, nem aos juízes, nem aos sacerdotes... Não encontrarias outro lugar, além do estábulo singelo?!...

Jesus menino escutou-o, mostrou-lhe sublime sorriso, mas o ancião, tomado de angústia, contemplou-o mais detidamente, e continuou:

— Onde representarás os interesses do supremo Senhor? Sentar-te-ás entre os poderosos? Escreverás novos livros da sabedoria? Improvisarás discursos que obscureçam os grandes oradores de Atenas e Roma? Amontoarás dinheiro suficiente para redimir os que sofrem? Erguerás novo templo de pedra, onde o rico e o pobre aprendam a ser filhos de Deus? Ordenarás a execução da lei, decretando medidas que obriguem a transformação imediata de Israel?

Depois de longo intervalo, indagou em lágrimas:

— Dize-me, ó Divina Criança, onde representarás os interesses de nosso supremo Pai?

O menino tenro ergueu, então, a pequenina destra e bateu, muitas vezes, naquele peito envelhecido que se inclinava já para o sepulcro...

Nesse instante, aproximou-se Maria e o recolheu nos braços maternos. Somente após a morte do corpo, Simeão veio a saber que o Menino Celeste não o deixara sem resposta.

O Infante Sublime, no gesto silencioso, quisera dizer que não vinha representar os interesses do Céu nas organizações respeitáveis mas efêmeras da Terra. Vinha da casa do Pai justamente para representá-lo no coração dos homens.

(Mensagem extraída do livro *Pontos e contos*, cap. 25.)

~ 2 ~
O candidato intelectual

Conta-se que Jesus, depois de infrutíferos entendimentos com doutores da Lei, em Jerusalém, acerca dos serviços da Boa-Nova, foi procurado por um candidato ao novo Reino, que se caracterizava pela profunda capacidade intelectual.

Recebeu-o o Mestre, cordialmente, e, em seguida às interpelações do futuro aprendiz, passou a explicar os objetivos do empreendimento. O Evangelho seria a luz das nações e consolidar-se-ia à custa da renúncia e do devotamento dos discípulos. Ensinaria aos homens a retribuição do mal com o bem, o perdão infinito com a infinita esperança. A Paternidade celeste resplandeceria para todos. Judeus e gentios converter-se-iam em irmãos, filhos do mesmo Pai.

O candidato inteligente, fixando no Senhor os olhos arguciosos, indagou:

— A que escola filosófica obedeceremos?

— Às escolas do Céu — respondeu, complacente, o Divino Amigo.

E outras perguntas choveram, improvisadas.
— Quem nos presidirá à organização?
— Nosso Pai Celestial.
— Em que bases aceitaremos a dominação política dos romanos?
— Nas do respeito e do auxílio mútuos.
— Na hipótese de sermos perseguidos pelo Sinédrio em nossas atividades, como proceder?
— Desculparemos a ignorância, quantas vezes for preciso.
— Qual o direito que competirá aos adeptos da Revelação Nova?
— O direito de servir sem exigências.

O rapaz arregalou os olhos aflitos e prosseguiu indagando:

— Em que consistirá, desse modo, o salário do discípulo?
— Na alegria de praticar a bondade.
— Estaremos arregimentados num grande partido?
— Seremos, em todos os lugares, uma assembleia de trabalhadores atentos à vontade divina.
— O programa?
— Permanecerá nos ensinamentos novos de amor, trabalho, esperança, concórdia e perdão.
— Onde a voz imediata de comando?
— Na consciência.
— E os cofres mantenedores do movimento?
— Situar-se-ão em nossa capacidade de produzir o bem.
— Com quem contaremos, de imediato?
— Acima de tudo com o Pai e, na estrada comum, com as nossas próprias forças.
— Quem reterá a melhor posição no ministério?

— Aquele que mais servir.
O candidato coçou a cabeça, francamente desorientado, e continuou, finda a pausa:
— Que objetivo fundamental será o nosso?
Respondeu Jesus, sem se irritar:
— O mundo regenerado, enobrecido e feliz.
— Quanto tempo gastaremos?
— O tempo necessário.
— De quantos companheiros seguros dispomos para início da obra?
— Dos que puderem compreender-nos e quiserem ajudar-nos.
— Mas não teremos recursos de constranger os seguidores à colaboração ativa?
— No Reino Divino não há violência.
— Quantos filósofos, sacerdotes e políticos nos acompanharão?
— Em nosso apostolado, a condição transitória não interessa e a qualidade permanece acima do número.
— A missão abrangerá quantos países?
— Todas as nações.
— Fará diferença entre senhores e escravos?
— Todos os homens são filhos de Deus.
— Em que sítio se levantam as construções de começo? Aqui em Jerusalém?
— No coração dos aprendizes.
— Os livros de apontamento estão prontos?
— Sim.
— Quais são?
— Nossas vidas...
O talentoso adventício continuou a indagar, mas Jesus silenciou sorridente e calmo.

Após longa série de interrogativas sem resposta, o afoito rapaz inquiriu ansioso:

— Senhor, por que não esclareces?

O Cristo afagou-lhe os ombros inquietos e afirmou:

— Busca-me quando estiveres disposto a cooperar.

E, assim dizendo, abandonou Jerusalém na direção da Galileia, onde procurou os pescadores rústicos e humildes que, realmente, nada sabiam da cultura grega ou do Direito romano, mantendo-se, contudo, perfeitamente prontos a trabalhar com alegria e a servir por amor, sem perguntar.

(Mensagem extraída do livro *Contos e apólogos,* cap. 2.)

~ 3 ~
Pequena história do discípulo

Quando o Mestre visitou o aprendiz pela primeira vez, encontrou-o mergulhado na leitura das informações divinas.

Viu-o absorto na procura de sabedoria e falou:

— Abençoado seja o filho do conhecimento superior!

E passou à frente, entregando-o ao cuidado de seus prepostos.

Voltando, mais tarde, a revê-lo, surpreendeu-o inflamado de entusiasmo pelo maravilhoso. Sentia-se dominado pelas claridades da revelação, propondo-se estendê-las por todos os recantos da Terra. Queria ganhar o mundo para o Senhor Supremo. Multiplicava promessas de sacrifício pessoal e interpretava teoricamente a salvação por absoluto serviço da esperança contemplativa.

O Companheiro Eterno afagou-lhe a fronte sonhadora e disse:

— Louvado seja o Apóstolo do ideal!
E seguiu adiante, confiando-o a dedicados mensageiros.
Regressou, em outra ocasião, a observá-lo e registrou-lhe nova mudança. Guiava-se o aprendiz pelos propósitos combativos. Por meio do conhecimento e do ideal que adquirira, presumia-se na posse da realidade universal e movia guerra sem sangue a todos os semelhantes que lhe não pisassem o degrau evolutivo. Gravava dísticos incendiários, a fim de purificar os círculos da crença religiosa. Acusava, julgava e punia sem comiseração. Alimentava a estranha volúpia de enfileirar adversários novos. Pretendia destruir e renovar tudo. Nesse mister, desconhecia o respeito ao próximo, fazia tábua rasa das mais comezinhas regras de educação, assumindo graves responsabilidades para o futuro.

O Compassivo, todavia, reconhecendo-lhe a sinceridade cristalina, acariciou-lhe as mãos inquietas e enunciou:

— Amparado seja o defensor da verdade!

E dirigiu-se a outras paragens, entregando-o à proteção de missionários fiéis.

Tornando ao círculo do seguidor, em época diferente, reparou-lhe a posição diversa. Dera-se o discípulo à sistemática pregação dos princípios edificantes que adotara, condicionando-os aos seus pontos de vista. Escrevia páginas veementes e fazia discursos comovedores. Projetava nos ouvintes a vibração de sua fé. Era condutor das massas, herói do verbo primoroso, falado e escrito.

O Instrutor Sublime abraçou-o e declarou:

— Iluminado seja o ministro da palavra celestial!

E ganhou rumos outros, colocando-o sob a inspiração de valorosos emissários.

Escoados longos anos, retornou o Magnânimo e anotou-lhe a transformação. O aprendiz exibia feridas na alma.

A conquista do mundo não era tão fácil, refletia ele com amargura. Embora sincero, fora defrontado pela falsidade alheia. Desejoso de praticar o bem, era incessantemente visado pelo mal. Via-se rodeado de espinhos. Suportava calúnias e sarcasmo. Alvejado pelo ridículo entre os que mais amava, trazia o espírito crivado de dúvidas e receios perniciosos. Era incompreendido nas melhores intenções. Se dava pão, recebia pedradas. Se acendia luz, provocava perseguições das trevas. Lia os livros santos, à maneira do faminto que procura alimento; sustentava seus ideais com dificuldades sem conta; ensinava o caminho superior, de coração dilacerado e pés sangrando...

O Sábio dos sábios enxugou-lhe o suor copioso e falou:
— Amado seja o peregrino da experiência!

E seguiu, estrada afora, confiando-o a carinhosos benfeitores.

Retornando, tempos depois, o Salvador assinalou-lhe a situação surpreendente. Chorando para dentro, reconhecia o discípulo que muito mais difícil que a conquista do mundo era o domínio de si mesmo. Em minutos culminantes do aprendizado, entregara-se também a forças inferiores. Embora de pé, sabia, de conhecimento pessoal, quão amargo sabor impunha o lodo à boca. Cedera, bastas vezes, às sugestões menos dignas que combatia. Aprendera que, se era fácil ensinar o bem aos outros, era sempre difícil e doloroso edificá-lo no próprio íntimo. Ele que condenara a vaidade e o egoísmo, a volúpia e o orgulho, verificava que não havia desalojado tais monstros de sua alma. Renunciava ao combate com o exterior, a fim de lutar consigo muito mais. Vivia sob a pressão de tempestade renovadora. Ciente das fraquezas e imperfeições de si mesmo, confiava, acima de tudo, no Altíssimo, a cuja bondade infinita submetia os torturantes problemas individuais, por meio da prece e da vigilância entre lágrimas.

O Divino Amigo secou-lhe o pranto e exclamou:

— Bendito seja o irmão da dor que santifica!

E seguiu para diante, recomendando-o aos colaboradores celestiais.

Anos decorridos, regressou o Misericordioso e admirou-lhe a situação diversa. O discípulo renovara-se completamente. Preferia calar para que outros se fizessem ouvir. Analisava as dificuldades alheias pelos tropeços com que fora defrontado na senda. A compreensão em sua alma era doce e espontânea, sem qualquer tendência à superioridade que humilha. Via irmãos em toda parte e estava disposto a auxiliá-los e socorrê-los, sem preocupação de recompensa. Aos seus olhos, os filhos de outros lares deviam ser tão amados quanto os filhos do teto em que nascera. Entendia os dramas dolorosos dos vizinhos, honrava os velhos e estendia mãos protetoras às crianças e aos jovens. Lia os escritos sagrados, mas enxergava também a Eterna Sabedoria na abelha operosa, na nuvem distante, no murmúrio do vento. Regozijava-se com a alegria e o bem-estar dos amigos, tanto quanto lhes partilhava os infortúnios. Inveja e ciúme, despeito e cólera não lhe perturbavam o santuário interior. Não sentia necessidade de perdoar, porque amava os semelhantes como Jesus lhe havia ensinado. Orava pelos adversários gratuitos do caminho, convencido de que não eram maus, e sim ignorantes e incapazes. Socorria os ingratos, lembrando que o fruto verde não pode oferecer o sabor daquele que amadurece a seu tempo. Chorava de júbilo, a sós, na oração de louvor, reconhecendo a extensão das bênçãos que recebera do Céu... Interpretava dores e problemas como recursos de melhoria substancial. As lutas eram para ele degraus de ascensão. Os perversos, ao seu olhar, eram irmãos infelizes, necessitados de compaixão fraternal. Sua palavra jamais condenava. Seus pés não caminhavam em vão. Seus ouvidos mantinham-se atentos ao bem. Seus olhos enxergavam de mais alto. Suas mãos ajudavam sempre. Sintonizava sua mente com a Esfera Superior. Seu maior desejo, agora, era conhecer o programa do Mestre e cumpri-lo. Pregava a verdade e a ensinava a quantos procurassem ouvi-lo; entretanto, experimentava maior prazer em ser útil. Guardava, feliz, a disposição de servir a todos. Sabia que era imprescindível amparar o fraco para que a fragilidade não o precipitasse no pó, e ajudar ao forte a fim de que a força mal aplicada não o envilecesse. Conservava o conhecimento, o ideal, o entusiasmo, a combatividade em favor do bem, a experiência benfeitora e a oração iluminativa; todavia, acima de tudo, compreendia a necessidade de refletir a vontade de Deus no serviço ao próximo. Suas palavras revestiam-se de ciência celestial, a humildade não fingida era gloriosa auréola em sua fronte, e, por onde passava, agrupavam-se em torno dele os filhos da sombra, buscando em sua alma a luz que amam quase sempre sem entender...

O Senhor, encontrando-o em semelhante estado, estreitou-o nos braços, de coração a coração, proclamando:

— Bem-aventurado o servo fiel que busca a Divina Vontade de nosso Pai!

E, desde então, passou a habitar com o discípulo para sempre.

(Mensagem extraída do livro *Luz acima,* cap. 3.)

~ 4 ~
O candidato apressado

Quando Tiago, filho de Zebedeu, seguia o Mestre, a pequena distância, junto às margens do Jordão, eis que se aproxima jovem e piedoso senhor de terras, interessado em aderir ao Reino do Céu.

Resoluto, avançou para o Apóstolo e indagou:

— Em verdade, o Messias é portador de uma Boa-Nova?

O seguidor do Nazareno, mostrando imensa alegria no olhar cândido e lúcido, informou feliz:

— Sim, é o mensageiro da vida eterna. Teremos, com Ele, o mundo renovado: nem opressores, nem vítimas, e sim irmãos, filhos do mesmo Pai...

— A que lema Ele obedece? — inquiriu o rapaz, dono de extensa propriedade.

— O amor a Deus, acima de tudo, e ao próximo como a nós mesmos — respondeu Tiago, sem titubear.

— E a norma de trabalho?

— Bondade para com todos os seres, inclusive os próprios inimigos.
— O programa?
— Cooperação com o Pai Supremo, sob todos os aspectos, em favor do mundo regenerado.
— O objetivo?
— Felicidade para todas as criaturas.
— Que diretrizes estatui para os momentos difíceis?
— Perdão extenso e sincero, esquecimento do mal, auxílio mútuo, fraternidade legítima, oração pelos adversários e perseguidores, serviço desinteressado e ação altruística sem recompensa, com absoluta perseverança no bem, até o fim da luta.
— Espera vencer sem exército e sem armas?
— O Mestre confia no concurso dos homens de boa vontade, na salvação da Terra.
— E, mesmo assim, admite a vitória final?
— Sem dúvida. Nossa batalha é a da luz contra a sombra; dispensa a competição sangrenta.
— Que pede o condutor do movimento, além das qualidades nobres mais comuns?
— Extrema fidelidade a Deus, num coração valoroso e fraterno, disposto a servir na Terra em nome do Céu.

O moço rico exibiu estranho fulgor nos olhos móveis e perguntou, após ligeira pausa:
— Acredita possível meu ingresso no círculo do Profeta?
— Como não? — exclamou Tiago, doce e ingênuo.

E o rapaz passou a monologar, evidenciando sublime idealismo:
— Desde muitos anos, sonho com a renovação. Nossos costumes sofrem decadência. As vozes da Lei parecem mortas nos escritos sagrados. Fenece o povo escolhido, como

a erva improdutiva que a Natureza amaldiçoa. O romano orgulhoso domina em toda parte. O mundo é uma fornalha ardente, em que os legionários consomem os escravos. Enquanto isto, Israel dorme imprevidente, olvidando a missão que Jeová lhe confiou...

Tiago assinalava-lhe os argumentos, deslumbrado. Nunca vira entusiasmo tão vibrante em homem tão jovem.

— O Messias Nazareno — prosseguiu o rapaz, em tom beatífico — é o embaixador da verdade. É indispensável segui-lo na santificação. O Templo de Jerusalém é a casa bendita de nossa fé; entretanto, o luxo desbordante do culto externo, regado a sangue de touros e cabritos, obriga-nos a pensar em castigo próximo. Cerremos fileiras com o Restaurador. Nossos antepassados aguardavam-no. Aproximemo-nos dele, a fim de executar-lhe os Planos Celestiais.

Demorando agora o olhar na radiante fisionomia do filho de Zebedeu, acrescentou:

— Não posso viver noutro clima... Procurarei o Messias e trabalharei na edificação da nova Terra!...

Desvencilhou-se do cabaz de uvas amadurecidas que sustinha na mão direita e gritou:

— Não perderei mais tempo!...

Afastou-se lépido, sem que o discípulo do Cristo lhe pudesse acompanhar as passadas largas.

Marcos, o evangelista, descreve-nos o episódio, no capítulo 10, encontrando-se a narrativa nos versículos 17 a 22.

Pôs-se o rapaz a caminho e chegou, correndo, ao lado de Jesus. Arfava cansado. Pretendia imediata admissão no Reino do Céu e, ajoelhando-se, exclamou para o Cristo:

— Bom Mestre, que farei para herdar a vida eterna?

O Divino Amigo contemplou-o, sem surpresa, e interrogou:

— Por que me chamas bom? Ninguém é bom, senão um, que é Deus.

Diante da insistência do candidato, indagou o Senhor quanto aos propósitos que o moviam, esclarecendo o rapaz que, desde a meninice, guardara os mandamentos da Lei. Jamais adulterara, nunca matara, nunca furtara e honrava pai e mãe em todos os dias da vida.

Terminando o ligeiro relatório, o jovem inquiriu aflito:

— Posso incorporar-me, Senhor, ao Reino de Deus?

O Mestre, porém, sorriu, e explicou:

— Uma coisa te falta. Vai, dispõe de tudo o que te prende aos interesses da vida material, dando o que te pertence aos necessitados e aos pobres. Terás, assim, um tesouro no Céu. Feito isto, vem e segue-me.

Foi, então, que o admirável idealista exibiu intraduzível mudança. Num momento, esqueceu o domínio romano, a impenitência dos israelitas, o sonho de redenção do Templo, a Boa-Nova e o mundo renovado. Extrema palidez cobriu-lhe o rosto, e ele, que chegara correndo, retirou-se, em definitivo, passo a passo, muito triste...

(Mensagem extraída do livro *Luz acima,* cap. 15.)

~ 5 ~
Na subida cristã

Filipe, o velho pescador fiel ao Profeta nazareno, meditando bastas vezes na grandeza do Evangelho, punha-se a monologar para dentro da própria alma.

"A Boa-Nova" — dizia consigo mesmo — "era indiscutivelmente um monte divino, alto demais, porém, considerando-se as vulgaridades da existência comum. O Mestre era, sem dúvida, o Embaixador do Céu. Entretanto, os princípios de que era portador mostravam-se transcendentes em demasia. Como enfrentar as dificuldades e resolvê-las? Ele, que acompanhava o Senhor, passo a passo, atravessava obstáculos imensos, de modo a segui-lo com fidelidade e pureza. Momentos surgiam em que, de súbito, via esfaceladas as promessas de melhoria íntima que formulava a si próprio. É quase impraticável a ascensão evangélica. Os ideais, as esperanças e objetivos do Salvador permaneciam excessivamente longínquos ao seu olhar... Se os óbices da jornada espiritual lhe estorvavam sadios propósitos do coração, que não ocorreria aos homens inscientes da verdade e mais frágeis que ele mesmo?"

Em razão disso, de quando em quando interpelava o Amigo Celeste, desfechando-lhe indagações.

Jesus, persuasivo e doce, esclarecia:

— Filipe, não te deixes subjugar por semelhantes pensamentos. É indispensável instituir padrões superiores com a revelação dos cimos, inspirando os viajores da vida e estimulando-os, quanto for necessário... Se não descerrarmos a beleza do píncaro, como educar o Espírito que rasteja no pântano? Não menosprezes, impensadamente, a claridade que refulge, além...

— Mas, Senhor — obtemperava o companheiro sincero —, não será mais justo graduar as visões? O amor que pleiteamos é universal e infinito. A maioria das criaturas, porém, sofre estreiteza e incompreensão. Muitos homens chegam a odiar e perseguir como se praticassem excelentes virtudes. Filósofos existem que consomem a vida e o tempo entronizando os que sabem tiranizar. É razoável, portanto, diminuir a luz da revelação, para que se não ofusque o entendimento do povo. No transcurso do tempo, nossos continuadores se encarregariam de mais amplas informações...

O Cristo sorria benevolente, e acrescentava:

— Se as ideias redentoras de nossos ensinamentos são focos brilhantes de cima, reconheçamos que a mente do mundo está perfeitamente habilitada a compreendê-las e materializá--las. Não é a coroa da montanha que perturba a planície. E se obstáculos aparecem, impedindo-nos a subida, estas dificuldades pertencem a nós mesmos. Uma estrela beneficia sempre, convida ao raciocínio elevado; no entanto, jamais incomoda. Não maldigas, pois, a luz, porque todo impedimento na edificação do Reino Celeste está situado em nós mesmos.

O velho irmão penetrava o terreno das longas perquirições interiores e concluía, afirmando:

— Senhor, como eu desejava compreender claro tudo isto!

Silenciava Jesus na habitual meditação.

Certo dia, ambos se preparavam para alcançar os cimos do Hermon, em jornada comprida e laboriosa, quando o Apóstolo, ainda em baixa altitude, se pôs a admirar, deslumbrado, os resplendores que fluíam da cordilheira.

Terminara o lençol verdoengo e florido.

Atacaram a marcha no carreiro íngreme.

Agora, era a paisagem ressequida e nua.

Pequeninos seixos pontiagudos recheavam o caminho.

Não obstante subirem devagar, Filipe, de momento a momento, rogava pausa e, suarento e inquieto, sentava-se à margem, a fim de alijar pedras minúsculas que, sorrateiras, lhe penetravam as sandálias. Gastava tempo e paciência para localizá-las entre os dedos feridos. Dezenas de vezes, pararam, de súbito, repetindo Filipe a operação e, ao conquistarem as eminências da serra, banhados de Sol, na prodigiosa visão da Natureza em torno, o Mestre, que sempre se valia das observações diretas para fixar as lições, explicou-lhe brandamente:

— Como reconheces, Filipe, não foi a claridade do alto que nos dificultou a marcha, e sim a pedrinha modesta do chão. O dia radioso nunca fez mal. Entretanto, muitas vezes, as questões pequeninas do mundo interrompem a viagem dos homens para Deus, nosso Pai. Quase sempre, a fim de prosseguirmos na direção do dever elevado e soberano, nossa alma requisita a cooperação dos outros, tanto quanto os pés necessitam da sandália protetora nestes caminhos escabrosos... Toda dificuldade na ascensão reside nos problemas insignificantes da senda... Assim também, na caminhada humana, as questões mais ínfimas, se conduzidas pela imprudência, podem golpear duramente o coração. Observa o minuto de palestra, a opinião erradia, o gesto impensado... Podem converter-se em venenosas pedrinhas que cortam os pés, ameaçando-nos a estabilidade espiritual. Entendes, agora, a importância das bagatelas em nosso esforço diário?

O pescador galileu meneou a cabeça, significativamente, e respondeu satisfeito:

— Sim, Mestre, agora compreendi.

(Mensagem extraída do livro *Luz acima,* cap. 34.)

~ 6 ~
Inesperada observação

Assim que a fama de Jesus se espalhou fartamente, dizia-se, em torno de Genesaré, que o Messias jamais desprezava o ensejo de ensinar o bem, por meio de todos os quadros da Natureza. Ante as ondas revoltas, comentava as paixões que devastam a criatura; contemplando algum ninho com filhotes tenros, exaltava a sublimidade dos elos da família; à frente das flores campesinas, louvava a tranquilidade e a segurança das coisas simples; ouvindo o cântico das aves, reportava-se às harmonias do Alto. Ocasião houve em que de uma semente de mostarda extraiu glorioso símbolo para a fé e, numa tarde fulgurante de pregação consoladora, encontrara inesquecíveis imagens do Reino de Deus, lembrando um trigal. Explanou sobre o Amor Celeste, recorrendo a uma dracma perdida, e surgiu um instante, ó surpresa divina, em que o Cristo subtraíra infortunada pecadora ao apedrejamento, usando palavras que lhe denunciavam a perfeita compreensão da justiça!

Reconhecida e proclamada a Sabedoria dele, porfiavam os discípulos em lhe arrancarem referências nobres e sábias palavras. Por mais se revezassem na exposição de feridas e maldades humanas, curiosos de apreender-lhe a conceituação da vida, o Mestre demonstrava incessantes recursos na descoberta da "melhor parte".

Como ninguém, sabia advogar a causa dos infelizes e identificar atenuantes para as faltas alheias, guardado o respeito que sempre consagrou à ordem. Guerreava abertamente o mal e chicoteava o pecado. Entretanto, estava pronto invariavelmente ao socorro e amparo das vítimas. Se vivia de pé contra os monstros da perversidade e da ignorância, nunca foi observado sem compaixão para com os desventurados e falidos da sorte. Levantava e animava sempre. Estimulava as qualidades superiores sem descanso, surpreendia ângulos iluminados nas figuras aparentemente trevosas.

Impressionados com aquela feição dele, Tiago e João, certa feita, ao regressarem de rápida estada em Cesareia, traziam, espantados, o caso de um ladrão confesso, que fora ruidosamente trancafiado no cárcere...

Pisando Cafarnaum, de retorno, Tiago disse ao irmão, após relacionar as dificuldades do prisioneiro:

— Que diria o Senhor se viesse a sabê-lo? Tiraria ilações benéficas de acontecimento tão escabroso?

Ouvido pelo irmão, com indisfarçável interesse, rematou:

— Dar-lhe-ei notícias do sucedido.

Com efeito, depois de abraçarem Jesus, de volta, o filho de Zebedeu passou a narrar-lhe a ocorrência desagradável, em frases longas e inúteis.

— O criminoso de Cesareia — descreveu prolixo — fora preso em flagrante, em seguida a audaciosa tentativa de roubo, que perdurara por seis meses consecutivos.

No roteiro de Jesus

Conhecia, por meio de informações, vasto ninho de joias pertencentes a importante família romana e, por cento e oitenta dias, cavara ocultamente a parede rochosa, de modo a pilhar as preciosidades, sem testemunhas. Fizera-se passar por escravo misérrimo, sofrera açoites na carne, padecera fome e sede, por determinações de capatazes insolentes, trabalhara de sol a sol num campo não distante da residência patrícia, tão só para valer-se da noite, na transposição do obstáculo que o inibia de apropriar-se dos camafeus e das pedras, das redes de ouro e dos braceletes de brilhantes. Na derradeira noite de trabalho sutil, foi seguido pela observação de um guarda cuidadoso e, quando mergulhava as mãos ávidas no tesouro imenso, eis que dois vigilantes espadaúdos agarram-no pressurosos. Buscou escapar, mas debalde. Rudes bofetadas amassaram-lhe o rosto, e dos braços duramente golpeados corria profusamente o sangue. Aturdido, espancado, depois de sofrer pesadas humilhações, o infeliz, agonizando, fora posto a ferros em condições nas quais, talvez, não lhe seria dado esperar a sentença de morte...

O Mestre ouviu a longa narrativa em silêncio e, porque observasse a atitude expectante dos aprendizes, neles fixou o olhar percuciente e doce e falou:

— Se a prática do mal exige tanta inteligência e serviço de um homem, calculemos a nossa necessidade de compreensão, devotamento e perseverança no sacrifício que nos reclama a execução do verdadeiro bem.

Logo após afastou-se pensativo, enquanto os dois jovens companheiros se entreolharam surpresos, sem saberem que replicar.

(Mensagem extraída do livro *Luz acima,* cap. 35.)

~ 7 ~
Candidato impedido

Quando o Mestre iniciou os serviços do Reino Celeste, em torno das águas do Genesaré, assinalando-se por indiscutíveis triunfos no socorro aos aflitos e comentando-se-lhe as disposições de receber companheiros e aprendizes, muita gente apareceu ávida de novidade, pretendendo o discipulado. Não seria agradável seguir aquele homem divino, que restaurava a saúde dos paralíticos e abria novos horizontes à fé? A palavra dele, repassada de amor, falava de um Reino porvindouro, onde os aflitos seriam consolados. Suas mãos, como que tocadas de luz sublime, distribuíam paz e bem-aventurança, bom ânimo e alegria. Acompanhá-lo seria serviço tentador.

Em razão disso, muito grande era o número de mulheres e homens que o buscavam diariamente.

Acreditava-se em nova ordem política na província. Sobrariam talvez posições importantes e remunerações expressivas.

Mães esperançadas procuravam confiar os filhos ao Messias Nazareno. Jovens e velhos entusiastas vinham, de longe, de modo a se colocarem na dependência dele. Para quantos que se lhe apresentavam, voluntariamente, pronunciava uma frase amiga, mostrava um sorriso benévolo, fixava um gesto confortador.

Foi assim que, em radiosa manhã, quando o Senhor descansava na residência de Levi, por alguns minutos, apeou de uma liteira adornada certo cavalheiro a caracterizar-se pelo extremo apuro.

O recém-chegado tratou, célere, do objetivo que o trazia. Interpelou o Cristo, diretamente. Queria o discipulado. Ouvira comentários ao novo Reino e desejava candidatar-se a ele. Sobretudo — esclareceu fluente —, honrar-se-ia acompanhando o Mestre, ao longo de todas as suas pregações e ensinamentos.

O Profeta contemplou-lhe a indumentária brilhante e perguntou:

— Em verdade, aceitas os testemunhos do apostolado?

— Perfeitamente — replicou o moço, cortês.

— Hoje — disse o Mestre, após longa pausa —, temos em Cafarnaum dois loucos agonizantes, num telheiro junto à casa de Pedro, reclamando cooperação fraternal. Poderás ajudar-nos a socorrê-los?

O rapaz franziu a testa e acentuou:

— Não hesitaria. Entretanto, sou armeiro de Fassur, principal da casa de Herodes e guardo esse título com veneração. A um pajem de minha estirpe não ficaria adequado semelhante serviço. Os nobres da raça poderiam identificar-me. A crítica não me perdoaria e talvez não pudesse satisfazer a incumbência...

Jesus não se irritou.

Contemplando o interlocutor surpreendido, propôs bondosamente:
— Duas órfãs estão em casa de Joana, aguardando mão carinhosa que as ampare. Quem sabe? Dispondo de tantas relações prestigiosas, não conseguirias encaminhá--las a destino edificante? São meninas necessitadas de proteção sadia.
— Oh! não posso! — exclamou o noviço, escandalizado — sou explicador dos textos de Ezequiel e dos trenos de Jeremias, fora de Jerusalém. Documentação de sacerdotes ilustres aprova-me a cultura sagrada. A um intérprete do Testamento, de minha condição, não quadraria a oferta de crianças desprezadas... Como vemos...
Sem alterar-se, o Mestre lembrou:
— Um paralítico moribundo foi recolhido à casa de Filipe. Veio transportado de grande distância, pleiteando a cura impossível. Está cansado, aflito, e Filipe permanece ausente em missão de socorro... Se lhe desses dois dias de assistência piedosa, praticarias nobre ação...
— É impraticável! — tornou o rapaz — sou fiscal das disposições do Levítico e, nessa função, provavelmente seria compelido a isolar o enfermo no vale dos imundos... A medida é imperiosa se ele houver ingerido carnes impuras.
O Senhor esboçou um sorriso e agradeceu.
Insistindo, porém, o interlocutor, Jesus indagou:
— Que pretendes, enfim?
— Garantir futura representação do Reino que se aproxima...
O Nazareno fitou nele o olhar translúcido e redarguiu:
— Erraste o caminho. Naturalmente o teu carro deve seguir para Jerusalém, onde se concentram todos aqueles que distribuem cargos bem pagos.

— Mas reitero a solicitação — disse o armeiro de Fassur —, quero colocar-me dentro da nova ordem!...
Apesar do imperativo que transparecia daquela voz, o Mestre finalizou muito calmo:
— Prossegue em teu caminho e não teimes. Realmente, reclamamos companheiros para o ministério. Já possuis, todavia, muitos títulos de inibição e o Evangelho precisa justamente de corações desembaraçados que estejam prontos ao necessário auxílio em nome de nosso Pai.

O explicador dos textos de Ezequiel deu uma gargalhada, olhou para o Messias evidenciando inexcedível sarcasmo, qual se houvera defrontado um louco, e partiu sem compreender.

(Mensagem extraída do livro *Luz acima,* cap. 37.)

~ 8 ~
A escritura do Evangelho

Quando Jesus recomendou a pregação da Boa-Nova, em diversos rumos, reuniu-se o pequeno colégio apostólico, em torno dele, na humilde residência de Pedro, onde choveram as perguntas no inquérito afetuoso.

— Mestre — disse Filipe, ponderado —, se os maus nos impedirem os passos, que faremos? Caber-nos-á recurso à autoridade punitiva?

— Nossa missão — replicou Jesus, pensativo — destina-se a converter maldade em bondade, sombra em luz. Ainda que semelhante transformação nos custe sacrifício e tempo, o programa não pode ser outro.

— Mas... — obtemperou Tomé — e se formos atacados por criminosos?

— Mesmo assim — confirmou o Cristo —, nosso ministério é de redenção, perdoando e amando sempre. Persistindo no bem, atingiremos a vitória final.

— Senhor — objetou Tiago, filho de Alfeu —, se interpelados pelos fariseus, amantes da Lei, que diretrizes tomaremos? São eles depositários de sagrados textos, com que justificam habilmente a orgulhosa conduta que adotam. São arguciosos e discutidores. Dizem-se herdeiros dos profetas. Como agir, se o novo Reino determina a fraternidade, isenta da tirania?

— Ainda aí — explicou o Messias Nazareno —, cabe-nos testemunhar as ideias novas. Consagraremos a Lei de Moisés com o nosso respeito. Contudo, renovar-lhe-emos o sentido sublime, tal qual a semente que se desdobra em frutos abençoados. A justiça constituirá a raiz de nosso trabalho terrestre. Todavia, só o espírito de sacrifício garantir-nos-á a colheita.

Verificando-se ligeira pausa, Tadeu, que se impressionara vivamente com a resposta, acrescentou:

— E se os casuístas nos confundirem?

— Rogaremos a Inspiração Divina para a nossa expressão humana.

— Mas que sucederá se o nosso entendimento permanecer obscuro, a ponto de não conseguirmos registrar o socorro do Alto? — insistiu o Apóstolo.

Esclareceu Jesus, sorridente:

— Será então necessário purificar o vaso do coração, esperando a claridade de cima.

Nesse ponto, André interferiu, perguntando:

— Mestre, em nossa pregação, chamaremos indistintamente as criaturas?

— Ajudaremos a todos, sem exigências — respondeu o Salvador, com significativa inflexão na voz.

— Senhor — interrogou Simão, precavido —, temos boa vontade, mas somos também fracos pecadores. E se cairmos na estrada? e se, muitas vezes, ouvirmos as sugestões do mal, despertando, depois, nas teias do remorso?

— Pedro — retrucou o Divino Amigo —, levantar e prosseguir é o remédio.

— No entanto — teimou o pescador —, e se a nossa queda for tão desastrosa que impossibilite o reerguimento imediato?

— Rearticularemos os braços desconjuntados, remendaremos o coração em frangalhos e louvaremos o Pai pelas proveitosas lições que houvermos recolhido, seguindo adiante...

— E se os demônios nos atacarem? — interrogou João, de olhos límpidos.

— Atraí-los-emos à glória do trabalho pacífico.

— Se nos odiarem e perseguirem? — comentou Tiago, filho de Zebedeu.

— Serão amparados por nós, no asilo do amor e da oração.

— E se esses inimigos poderosos e inteligentes nos destruírem? — inquiriu o filho de Kerioth.

— O Espírito é imortal — elucidou Jesus, calmamente — e a justiça enraíza-se em toda parte.

Foi então que Levi, homem prático e habituado à estatística, observou prudente:

— Senhor, o fariseu lê a Torá, baseando-se nas suas instruções; o saduceu possui rolos preciosos a que recorre na propaganda dos princípios que abraça; o gentio, sustentando as suas escolas, conta com milhares de pergaminhos, arquivando pensamentos e convicções dos filósofos gregos e persas, egípcios e romanos... E nós? A que documentos recorreremos? Que material mobilizaremos para ensinar em nome do Pai Sábio e Misericordioso?!...

O Mestre meditou longamente e falou:

— Usaremos a palavra, quando for necessário, sabendo, porém, que o verbo degradado estabelece o domínio das perturbações e das trevas. Valer-nos-emos dos caracteres escritos na extensão do Reino do Céu. No entanto, não ignoraremos que as praças do mundo exibem numerosos escribas de túnicas compridas, cujo pensamento escuro fortalece o império da incompreensão e da sombra. Utilizaremos, pois, todos os recursos humanos, no apostolado, entendendo, contudo, que o material precioso de exposição da Boa-Nova reside em nós mesmos. O próximo consultará a mensagem do Pai em nossa própria vida, por nossos atos e palavras, resoluções e atitudes...

Pousando a destra no peito, acentuou:

— A Escritura Divina do Evangelho é o próprio coração do discípulo.

Os doze companheiros entreolhavam-se admirados, e o silêncio caía entre eles, enquanto as águas cristalinas, não longe, refletiam o céu imensamente azul, cortado de brisas vespertinas que anunciavam as primeiras visões da noite...

(Mensagem extraída do livro *Luz acima,* cap. 45.)

~ 9 ~
# A revolução cristã

Ouvindo variadas referências ao novo Reino, Tomé impressionara-se, acreditando o povo judeu nas vésperas de formidável renovação política. Indubitavelmente, Jesus seria o Orientador Supremo do movimento a esboçar-se pacífico para terminar, com certeza, em choques sanguinolentos. Não se reportava o Mestre, constantemente, à vontade do Todo-Poderoso? Era inegável o advento da era nova. Legiões de anjos desceriam provavelmente dos Céus e pelejariam pela independência do povo escolhido.

Justificando-lhe a expectativa, toda gente se agrupava, em redor do Messias, registrando-lhe as promessas.

Estariam no limiar da Terra diferente, sem dominadores e sem escravos.

Submetendo, certa noite, ao Cristo as impressões de que se via possuído, dele ouviu a confirmação esperada:

— Sem dúvida — explicou o Nazareno —, o Evangelho é portador de gigantesca transformação do mundo.

Destina-se à redenção das massas anônimas e sofredoras. Reformará o caminho dos povos.

— Um movimento revolucionário! — acentuou Tomé, procurando imprimir mais largo sentido político à definição.

— Sim — acrescentou o Profeta Divino —, não deixa de ser...

Entusiasmado, o discípulo recordou a belicosidade da raça, desde os padecimentos no deserto, a capacidade de resistência que assinalava a marcha dos israelitas, a começar de Moisés, e indagou sem rebuços:

— Senhor, confiar-me-ás, porventura, o plano central do empreendimento?

Dirigiu-lhe Jesus significativo olhar e observou:

— Amanhã, muito cedo, iremos ambos ao monte, marginando as águas. Teremos talvez mais tempo para explicações necessárias.

Intrigado, o Apóstolo aguardou o dia seguinte e, buscando ansioso a companhia do Senhor, muito antes do Sol nascente, em casa de Simão Pedro, com surpresa encontrou-o à espera dele, a fim de jornadearem sem detença.

Não deram muitos passos e encontraram pobre pescador embriagado a estirar-se na via pública. O Messias parou e acercou-se do mísero, socorrendo-o.

— Que é isto? — clamou Tomé, enfadado. — Este velho diabo é Jonas, borracho renitente. Para que ajudá-lo? Amanhã, estará deitado aqui às mesmas horas e nas mesmas condições.

O Companheiro Celeste, todavia, não lhe aceitou o conselho e redarguiu:

— Não te sinto acertado nas alegações. Ignoras o princípio da experiência de Jonas. Não sabes por que fraqueza se rendeu ele ao vício. É enfermo do espírito, em estado grave; seus sofrimentos se agravam à medida que mergulha no lamaçal. Realmente, vive reincidindo na falta. Entretanto, não consideras razoável que o serviço de socorro exige também o ato de começar?

O aprendiz não respondeu, limitando-se a cooperar na condução do bêbedo para lugar seguro, onde caridoso amigo se dispôs a fornecer-lhe lume e pão.

Retomavam a caminhada, quando pobre mulher, a toda pressa, veio implorar ao Messias lhe visitasse a filhinha, em febre alta.

Acompanhado pelo discípulo, o Salvador orou ao lado da pequenina confiante, abençoou-a e restituiu-lhe a tranquilidade ao corpo.

Iam saindo de Cafarnaum, mas foram abordados por três senhoras de aspecto humilde que desejavam instruções da Boa-Nova para os filhinhos. O Cristo não se fez de rogado. Prestou esclarecimentos simples e concisos.

Ainda não havia concluído aquele curso rápido de Evangelho, e Jafé, o cortador de madeira, veio resfolegante suplicar-lhe a presença no lar, porque um filho estava morto e a mulher enlouquecera.

O Emissário de Deus seguiu-o sem pestanejar, à frente de Tomé, silencioso. Reconfortou a mãezinha desvairada, devolvendo-a ao equilíbrio, e ensinou à casa perturbada que a morte, no fundo, era a vitória da vida.

O serviço da manhã absorvera-lhes o tempo e, assim que se puseram a caminho, em definitivo, eis que uma anciã semiparalítica pede o amparo do Amigo Celestial. Trazia a perna horrivelmente ulcerada e dispunha apenas de uma das mãos.

O Messias acolhe-a bondoso. Solicita o concurso do Apóstolo e condu-la a sítio vizinho, onde lhe lava as feridas e deixa-a convenientemente asilada.

Prosseguindo viagem para o monte, Mestre e discípulo foram constrangidos a atender mais de cinquenta casos difíceis, lenindo o sofrimento, semeando o bom ânimo, suprimindo a ignorância e espalhando lições de esperança e iluminação. Sempre rodeados de cegos e loucos, leprosos e aleijados, doentes e aflitos, mal tiveram tempo de fazer ligeiro repasto de pão e legumes.

Quando atingiram o objetivo, anoitecera de todo. Estrelas brilhavam distantes. Achavam-se exaustos.

Tomé, que mostrava os pés sangrentos, enxugou o suor copioso e rendeu graças a Deus pela possibilidade de algum descanso. A fadiga, porém, não lhe subtraíra a curiosidade. Erguendo para o Cristo olhar indagador, inquiriu:

— Senhor, dar-me-ás agora a chave da conspiração libertadora?

O Divino Interpelado esclareceu, sem vacilações:

— Tomé, os homens deviam entediar-se de revoltas e guerras que começam de fora, espalhando ruína e ódio, crueldade e desespero. Nossa iniciativa redentora verifica-se de dentro para fora. Já nos achamos em plena revolução evangélica e o dia de hoje, com os abençoados deveres que nos trouxe, representa segura resposta à indagação que formulaste. Enquanto houver preponderância do mal, a traduzir-se em aflições e trevas, no caminho dos homens, combateremos em favor do triunfo supremo do bem.

E, ante o discípulo desapontado, concluiu:

— A ordem para nós não é de matar para renovar, mas sim de servir para melhorar e elevar sempre.

Tomé passou a refletir maduramente e nada mais perguntou.

(Mensagem extraída do livro *Luz acima*, cap. 46.)

~ 10 ~
# Homens-prodígio

Conta-se que André, o discípulo prestimoso, tão logo observou o Senhor à procura de cooperadores para o ministério da salvação, compareceu, certo dia, à residência de Pedro, com três companheiros que se candidatavam à divina companhia.

Recebeu-os Jesus, com serenidade e brandura, enquanto o Apóstolo apresentou os novatos com entusiasmo ingênuo.

— Este, Mestre — disse, tocando o braço do mais velho —, é Jacó, filho de Eliakim, o condutor de cabras, que tem maravilhosas visões do oculto. Já viu os próprios demônios flagelando homens imundos e, quando visitou Jerusalém, na última peregrinação ao Templo, viu flamas de fogo celeste sobre os pães da proposição. Enxergou também os Espíritos de gloriosos antepassados entre os sacerdotes, surpreendendo sublimes revelações do Invisível.

Ante a expectação do Divino Amigo, o aprendiz acentuou:

— Parece-me excelente companheiro para os nossos trabalhos.

Jesus, contudo, pousando no candidato os olhos firmes, fez interrogativo gesto para Jacó, que, docemente constrangido pela silenciosa atitude dele, informou:

— Sim... é verdade... Sou vidente do que está em secreto e pretendo receber lições da nova escola. No entanto, receio a opinião pública. Trabalho em casa de Prisco Bitínio, o chefe romano, e recebo salário compensador. Se souberem por lá que frequento estas fileiras, provavelmente me expulsarão... Perderei meus proventos e minha família talvez sofra fome...

Fez-se grande quietude em torno. Jesus manteve-se quase impassível. Seus lábios mostravam ligeiro sorriso que não chegava a evidenciar-se de todo.

André, todavia, interessado em colocar os amigos no quadro apostólico, indicou o segundo, judeu de meia-idade, que revelava no olhar arguciosa inteligência:

— Este, Senhor, é Menahem, filho de Adod, o ourives. Possui ouvidos diferentes dos nossos e costuma ser contemplado por sonhos milagrosos. Escuta vozes do Céu, anunciando o futuro com exatidão, e no sono recebe avisos espantosos. Já descobriu, por esse meio, as joias de Pompônia Fabrina, quando romanos ilustres visitaram Cesareia. Incontáveis são os casos em que funcionou na qualidade de adivinho vitorioso. Passando por Jerusalém, foi procurado por sacerdotes ilustres que, com êxito, lhe puseram à prova as estranhas faculdades. Leu papiros que se achavam a distância e transmitiu recados autênticos de grandes mortos da raça.

Após ligeiro intervalo, acentuou:

— Não seria ele valioso colaborador para nós?

O Cristo fixou o olhar lúcido no apresentado, e Menahem se explicou:

— Sim, realmente ouço vozes do Céu e resolvo em sonho diversos problemas, acerca dos quais sou consultado. Desejaria participar da nova fé, mas estou preso a muitos compromissos. Não poderia vir assiduamente... Meu sogro Efraim, o mercador de perfumes, é riquíssimo e está prestes a descansar com os nossos que já desceram ao repouso. Sou o herdeiro de sua grande fortuna e sei que se escandalizará com a minha adesão à crença renovadora... assim considerando, preciso ser cauteloso... Não posso perder o enorme legado...

Identificando a estranheza que provocava, apressou-se a reforçar:

— Ainda que eu me pudesse desprender de bens tão preciosos, precisaria atender à mulher e aos filhos...

Novo silêncio pesou na paisagem doméstica.

À frente do Messias, que não se manifestava em sentido direto, o pescador diligente apresentou o terceiro amigo:

— Aqui, Mestre, temos Moab, filho de Josué, o cultivador. É um prodígio nas escrituras. Todos os escribas o olham invejosos e despeitados, porquanto é conhecido pelo dom de escrever com incrível desenvoltura, a respeito de todos os assuntos que interessam o povo escolhido. Homens importantes de Israel formulam para ele vários enigmas, referentes à Lei e aos profetas, e ele os resolve com triunfo absoluto... Por vezes, chega a escrever em línguas estrangeiras e há quem diga que, sobre ele, paira o espírito do próprio Jeová...

Calou-se o Apóstolo e, no ambiente pesado que se abateu na sala, o escriba milagroso esclareceu:

— Efetivamente, escrevo em misteriosas circunstâncias. Uma luz semelhante a fogo desce do firmamento sobre as minhas mãos e encho rolos enormes com instruções e descrições que nem eu mesmo sei entender... Proponho-me a seguir os princípios do Reino Celeste, aqui na Galileia. Não posso, entretanto, comprometer-me muito. Na cidade santa, estou ligado a um grande revolucionário que me prometeu alto encargo político, logo depois de assassinarmos o procurador e eliminar alguns patrícios influentes. Quero aproveitar as minhas faculdades na restauração de nossos direitos... Conquistarei posição, ouro, fama, evidência... Por isso, não posso aceitar deveres muito extensos...

A quietude voltou mais envolvente.

André, todavia, ansioso por situar os novos elementos no colégio galileu, perguntou ao Cristo:

— Mestre, não estás procurando associados para o serviço redentor? Admitirás os nossos amigos?

Jesus, porém, com serenidade complacente, esclareceu:

— Não, André! Sigam nossos irmãos em paz. Por enquanto, o roteiro deles é diferente do nosso. O primeiro estacionou na situação lucrativa, o segundo aguarda uma herança em ouro, prata e pedras, e o terceiro permanece caçando a glória efêmera do poder humano!...

— Senhor — ponderou o irmão de Pedro —, mas é preciso lembrar que um deles "vê", outro "ouve" e o último "escreve", milagrosamente...

— Sim — considerou Jesus, terminando a entrevista —, no mundo sempre existiram homens-prodígio, portadores de maravilhosos dons que estragam inadvertidamente, mas, acima deles, estou procurando quem deseje trabalhar na execução da vontade de nosso Pai.

(Mensagem extraída do livro *Luz acima,* cap. 49.)

~ 11 ~
O discípulo de perto

Efraim, filho de Atad, tão logo soube que Jesus se rodeava de pequeno colégio de aprendizes diretos para a enunciação das Boas-Novas, veio apressado em busca de informes precisos.

Divulgava-se, com respeito ao Messias, toda sorte de comentários.

O povo se mantinha oprimido. Respirava-se, em toda parte, o clima de dominação. E Jesus curava, consolava, bendizia... Chegara a transformar água em vinho numa festa de casamento...

Não seria Ele o príncipe esperado, com suficiente poder para redimir o povo de Deus? Certamente, ao fim do ministério público, dividiria cargos e prebendas, vantagens e despojos de subido valor.

Aconselhável, portanto, disputar-lhe a presença. Ser-lhe-ia discípulo chegado ao coração.

De cabeça inflamada em sonhos de grandeza terrestre, procurou o Senhor, que o recebeu com a bondade de sempre, embora tisnada de indefinível melancolia.

O Cristo havia entrado vitorioso em Jerusalém, mas achava-se possuído de imanifesta angústia.

Profunda tristeza transbordava-lhe do olhar, adivinhando a flagelação e a cruz que se avizinhavam.

Sereno e afável, pediu a Efraim lhe abrisse o coração.

— Senhor! — disse o rapaz, ardendo de idealismo — aceita-me por discípulo, quero seguir-te, igualmente, mas desejo um lugar mais próximo de teu peito compassivo!... Venho disputar-te o afeto, a companhia permanente!... Pretendo pertencer-te, de alma e coração...

Jesus sorriu e falou calmo:

— Tenho muitos seguidores de longe; aspirarás, porventura, à posição do discípulo de perto?

— Sim, Mestre! — exclamou o candidato, embriagado de esperança no poder humano. — Que fazer para conquistar semelhante glória?

O Divino Amigo, que lhe sondava os recônditos escaninhos da consciência, esclareceu pausadamente:

— O aprendiz de longe pode crer e descrer, abordando a verdade e esquecendo-a, periodicamente, mas o discípulo de perto empenhará a própria vida na execução da Divina Vontade, permanecendo, dia e noite, no monte da decisão.

"O seguidor de longe provavelmente entreter-se-á com muitos obstáculos a lhe roubarem a atenção, mas o companheiro de perto viverá em suprema vigilância.

"O de longe sente-se com liberdade para buscar honrarias e prazeres, misturando-os com as suas vagas esperanças no Reino de Deus, mas o de perto sofrerá as angústias do serviço sacrificial e incessante.

"O de longe dispõe de recursos para encolerizar-se e ferir; o de perto armar-se-á, através dos anos, de inalterável paciência para compreender e ajudar.

"O de longe alegará dificuldades para concentrar-se na oração, experimentando sono e fadiga; o de pcrto, contudo, inquietar-se-á pela solução dos trabalhos e caminhará sem cansaço, em constante vigília.

"O de longe respirará em estradas floridas, demorando-se na jornada quanto deseje; o de perto, porém, muita vez seguirá comigo pelo atalho espinhoso.

"O de longe dar-se-á pressa em possuir; o de perto, no entanto, encontrará o prazer de dar sem recompensa.

"O de longe somente encontra alegria na prosperidade material; o de perto descobre a divina lição do sofrimento.

"O de longe padecerá muitos melindres; o de perto encher-se-á de fortaleza para perdoar sempre e recomeçar o esforço do bem, quantas vezes se fizerem necessárias.

"O de longe não cooperará sem honras; o de perto servirá com humildade, obscuro e feliz.

"O de longe adiará os seus testemunhos de fé e amor perante o Pai; o de perto, entretanto, estará pronto a aceitar o martírio, em obediência aos Celestes Desígnios, a qualquer momento."

Após longa pausa, fixou em Efraim os olhos doces e indagou:

— Aceitarás, mesmo assim?

O candidato, algo confundido, refletiu, refletiu e exclamou:

— Senhor, os teus ensinos me deslumbram!... Vou à Casa de Deus agradecer ao Santo dos Santos e volto, dentro de uma hora, a fim de abraçar-te o sublime apostolado, sob juramento!...

Jesus aceitou-lhe o amplexo efusivo e ruidoso, despediu-se dele, sorrindo, mas Efraim, filho de Atad, nunca mais voltou.

(Mensagem extraída do livro *Pontos e contos,* cap. 10.)

2ª parte
Jesus agindo (ensinando, curando, exemplificando, confortando etc.)

~ 12 ~
A petição de Jesus

[...] E Jesus, retido por deveres constrangedores, junto da multidão, em Cafarnaum, falou a Simão, num gesto de bênção:

— Vai, Pedro! Peço-te!... Vai à casa de Jeremias, o curtidor, para ajudar. Sara, a filha dele, prostrada no leito, tem a cabeça conturbada e o corpo abatido... Vai sem delonga, ora ao lado dela, e o Pai, a quem rogamos apoio, socorrerá a doente por tuas mãos.

Na manhã ensolarada, pôs-se o discípulo em marcha, entusiasmado e sorridente com a perspectiva de servir. À tarde, quando o Sol cedia as últimas posições à sombra noturna, vinha de retorno, enunciando inquietação e pesar no rosto áspero.

— Ah! Senhor! — disse ao Mestre que lhe escutava os apontamentos — todo esforço baldado, tudo em vão!...

— Como assim?

E o Apóstolo explicou amargamente, qual se fora um odre de fel a derramar-se:

— A casa de Jeremias é um antro de perdição... Antes fosse um pasto selvagem. O abastado curtidor é um homem que ajuntou dinheiro, a fim de corromper-se. De entrada, dei com ele bebericando vinho num paiol, a cuja porta bati, na esperança de obter informações para demandar o recinto doméstico. Não parecia um patriarca, e sim um gozador desavergonhado. Sentava-se na palha de trigo e, de momento a momento, colava os lábios ao gargalo de pesada botelha, desferindo gargalhadas, ao pé de serva bonita e jovem, que se refestelava no chão, positivamente embriagada... Ao receber-me, começou perguntando quantos piolhos trago à cabeça e acabou mandando-me ao primogênito... Saí à procura de Zoar, o filho mais idoso, e achei-o, enfurecido, no jogo de dados em que perdia largas somas para conhecido traficante de Jope. Acolheu-me aos berros, explicando que a sorte da irmã não lhe despertava o menor interesse... Por fim, expulsou-me aos coices, dando a ideia de uma besta-fera solta no campo... Afastava-me apressado, quando esbarrei com a dona da casa. Dei-lhe a razão de minha presença; contudo, antes de atender-me, passou a espancar esquelética menina, alegando que a criança lhe havia surrupiado um figo, enquanto a pequena chorosa tentava esclarecer que a fruta havia sido devorada por galos de estimação... Somente após ensanguentar a vítima, resolveu a megera designar o aposento em que poderia avistar-me com a filha enferma...

Ante o olhar melancólico do ouvinte, o discípulo prosseguiu:

— A dificuldade, porém, não ficou nisso... Visivelmente transtornada por bagatela, a velha sovina errou na indicação, pois entrei numa alcova estreita, onde fui defrontado por Josué, o filho mais moço do curtidor, que mergulhava a mão num cofre de joias. Desagradavelmente surpreendido, fez-se amarelo de raiva, acreditando decerto que eu não passava de alguém a scrviço da família, a fim de espionar-lhe os movimentos. Quando ergueu o braço para esmurrar-me, supliquei-lhe considerasse a minha situação de visitante em missão de paz e socorro fraterno... Embora contrafeito, conduziu-me ao quarto da irmã... Ah! Mestre, que tremenda desilusão!... Não duvido de que se trata de uma doente, mas, logo que me viu, a estranha criatura se tornou inconveniente, articulando gestos indecorosos e pronunciando frases indignas... Não aguentei mais... Fugi horrorizado, e regressei pelo mesmo caminho...

Observando que o Amigo Sublime se resguardava triste e silencioso, volveu Simão, após comprido intervalo:

— Senhor, não fui, acaso, bastante claro? Porventura, não terei procurado cumprir-te honestamente os desejos? Seria justo, Mestre, pronunciar o nome de Deus, ali, entre vícios e deboche, avareza e obscenidade?

Jesus, porém, depois de fitar longamente o céu, inflamar-se de lumes distantes, fixou no companheiro o olhar profundamente lúcido e exclamou com serenidade:

— Pedro, conheço Jeremias, a esposa e os filhos, há muito tempo!... Quando te incumbi de ir ao encontro deles, apenas te pedi que auxiliasses!...

(Mensagem extraída do livro *Cartas e crônicas,* cap. 3.)

~ 13 ~
O grande ceifador

Comentando certas dificuldades da genuína propaganda espírita, o velho Jonathan, antigo seguidor do Evangelho em nosso campo de ação espiritual, tomou a palavra e falou sorrindo:

— No tempo do Mestre, semelhantes entraves não eram menores. A gloriosa missão do Senhor ia em meio, quando surgiram várias legiões de supostos discípulos da Boa-Nova, à margem das atividades evangélicas. Multidões desarvoradas, ao comando de chefes que se diziam continuadores de João Batista, enxameavam nas bordas do Jordão, a se dispersarem na Palestina e na Síria. Capitães da revolta popular contra o domínio romano, após ouvirem as lições do Senhor, usavam-lhe a doutrina, criando a discórdia sistematizada, em nome da solidariedade humana, nos diversos vilarejos que circulavam o Tiberíades.

Todos erguiam flamejante verbo, asseverando falar em nome do Divino Renovador.

Jesus, o Messias nazareno, achava-se entre os homens, investido da autoridade indispensável à formação de um novo Reino.

Destruiria os potentados estrangeiros e aniquilaria os ditadores do poder.

Discursos preciosos faziam-se ouvir nos cenáculos do povo e nos quadros rústicos da Natureza, exaltando a boa vontade e a comunhão das almas, o devotamento e a tolerância entre as criaturas.

Milhares de ouvintes escutavam, enlevados, as pregações, extáticos e felizes, qual se já respirassem num mundo novo.

Contudo, no turbilhão dos conceitos vibrantes e nobres, alinhavam-se aqueles que, arrecadando dinheiro para socorro às viúvas e aos órfãos, olvidavam-nos deliberadamente para enriquecerem a própria bolsa, e apareciam os oportunistas que, se incumbindo da doutrinação referente à fraternidade, utilizavam-se da frase primorosa e benfeita, para a realização das mais baixas manobras políticas.

Foi por isso que, em certo crepúsculo, quando a multidão se congregava em torno do Mestre, junto às águas, para recolher-lhe a palavra consoladora e o ensino salutar, Simão Pedro, homem afeiçoado à rude franqueza, valendo-se da grande pausa que o eterno Benfeitor imprimira à própria narrativa, quando expunha a Parábola do semeador, interpelou-o, diretamente, indagando:

— Mestre, e que faremos dos que exploram a ideia do Reino de Deus? Em muitos lugares, encontramos aqueles que formam grupos de serviço, em nome da Boa-Nova nascente, tumultuando corações em proveito próprio. Agitam a mente popular e formulam promessas que não podem cumprir... Em Betsaida, temos a falange de Berequias ben

Zenon que a dirige com entusiasmo dominante, apropriando-se-vos da mensagem sublime para solicitar as dracmas de pobres pescadores, alegando destiná-las aos doentes e às viúvas, mas, embora preste auxílio a reduzido número de infortunados, guarda para si mesmo a maior parte das ofertas amealhadas e, ainda hoje, em Cafarnaum, ouvi a prédica brilhante de Aminadab ben Azor, que se prevalece de vossas lições divinas para induzir o povo à indisciplina e à perturbação, não obstante pronuncie afirmativas e preces que reconfortam o espírito dos que sofrem nos caminhos árduos da Terra... Como agir, Senhor? Será justo nos subordinemos à astúcia dos ambiciosos e à manha dos velhacos? Como relegar o Evangelho à dominação de quantos se rendem à vaidade e à avidez da posse, ao egocentrismo e à loucura?

Jesus meditou alguns instantes e replicou:

— Simão, antes de tudo, é preciso considerar que o crime confesso encontra na lei a corrigenda estabelecida. Quem rouba é furtado, quem ilude os outros engana a si próprio, e quem fere será ferido...

— Mas, Senhor — tornou o Apóstolo —, no processo em exame, creio seja necessário ponderar que os males decorrentes da falsa propaganda são incomensuráveis... Não haverá recurso para sustá-los de imediato?

O Excelso Amigo considerou paciente:

— Se há juízes no mundo que nasceram para o duro mister de retificar, aqui nos achamos para a obra do auxílio. Não podemos olvidar que os verdadeiros discípulos da Boa-Nova, atentos à missão de amor que lhes cabe, não dispõem de tempo e disposição para partilhar as atividades dos irmãos menos responsáveis... Além disso, baseando-me em sua própria palavra, não estamos diante de companheiros totalmente esquecidos da caridade. Disseste que Berequias ben Zenon, pelo menos, ampara alguns infelizes que lhe cercam a estrada e que Aminadab ben Azor, no seio das palavras insensatas que pronuncia, encaixa ensinamentos e orações de valia para os necessitados de luz... E se formos sopesar as esperanças e possibilidades, os anseios e as virtudes dos milhares de amigos provisórios que os acompanham, como justificar qualquer sentença condenatória de nossa parte?

O apontamento judicioso ficou no ar, e, como ninguém respondesse, Jesus espraiou o olhar no horizonte longínquo, como quem apelava para o futuro, e ditou a *Parábola do joio e do trigo,* que consta do capítulo 13 das anotações de Mateus:

— O Reino dos Céus é semelhante ao homem que semeia a boa semente em seu campo, mas, ao dormir, eis que veio o inimigo e semeou joio no meio do trigo, retirando-se após. Quando a erva cresceu e frutificou, apareceu também o joio. E os servos desse pai de família, indo ter com ele, disseram-lhe: "Senhor, não semeaste no campo a boa semente? Por que a intromissão do joio?". E ele lhes disse: "Um adversário é quem fez isso". E os servos acentuaram: "Queres, pois, que o arranquemos?". Respondeu-lhes, porém, o Senhor: "Isso não, para que não aconteça, extirpemos o joio, sacrificando o trigo. Deixemo-los crescer juntos até a ceifa. Nessa ocasião, direi aos trabalhadores: Colhei primeiramente o joio para que seja queimado e ajuntai o trigo no meu celeiro".

Calou-se o Cristo, pensativo...

Todavia, Simão, insatisfeito, volveu a perguntar:

— Mas... Senhor, Senhor!... em nosso caso, quem colherá a verdade, separando-a da mentira?

O Mestre sorriu de novo e respondeu:

— Pedro, o tempo é o grande ceifador... Esperemos por ele, cumprindo o dever que nos compete... A vida e a justiça pertencem ao Pai, e o Pai decidirá quanto aos assuntos da vida e da justiça...

E porque ninguém lhe opusesse embargo à lição, calou-se o Mestre para demandar, em seguida, outros ensinos...

Silenciou o velho Jonathan e, a nosso turno, com material suficiente para estudo, separamo-nos todos para concluir e meditar.

(Mensagem extraída do livro *Cartas e crônicas,* cap. 34.)

~ 14 ~
O bendito aguilhão

Atendendo a certas interrogações de Simão Pedro, no singelo agrupamento apostólico de Cafarnaum, Jesus explicava solícito:

— Destina-se a Boa-Nova, sobretudo, à vitória da fraternidade.

"Nosso Pai espera que os povos do mundo se aproximem uns dos outros e que a maldade seja esquecida para sempre.

"Não é justo se combatam as criaturas reciprocamente, a pretexto de exercerem domínio indébito sobre os patrimônios da vida, dos quais somos todos simples usufrutuários.

"Operemos, assim, contra a inveja que ateia o incêndio da cobiça, contra a vaidade que improvisa a loucura e contra o egoísmo que isola as almas entre si...

"Naturalmente, a grande transformação não surgirá de inesperado.

"Santifiquemos o verbo que antecipa a realização.

"No pensamento bem conduzido e na prece fervorosa, receberemos as energias imprescindíveis à ação que nos cabe desenvolver.

"A paciência no ensino garantirá êxito à sementeira, a esperança fiel alcançará o Reino Divino, e a nossa palavra, aliada ao amor que auxilia, estabelecerá o império da Infinita Bondade sobre o mundo inteiro.

"Há sombras e moléstias por toda parte, como se a existência na Terra fosse uma corrente de águas viciadas. É imperioso reconhecer, porém, que, se regenerarmos a fonte, aparece adequada solução ao grande problema. Restaurando o Espírito, em suas linhas de pureza, sublimam-se-lhe as manifestações."

Em face da pausa natural que se fizera, espontânea, na exposição do Mestre, Pedro interferiu, perguntando:

— Senhor, as tuas afirmativas são sempre imagens da verdade. Compreendo que o ensino da Boa-Nova estenderá a felicidade sobre toda a Terra... No entanto, não concordas que as enfermidades são terríveis flagelos para a criatura? E se curássemos todas as doenças? Se proporcionássemos duradouro alívio a quantos padecem aflições do corpo? Não acreditas que, assim, instalaríamos bases mais seguras ao Reino de Deus?

E Filipe ajuntou, algo tímido:

— Grande realidade!... Não é fácil concentrar ideias no Alto, quando o sofrimento físico nos incomoda. É quase impossível meditar nos problemas da alma, se a carne permanece abatida de achaques...

Outros companheiros se exprimiram, apoiando o plano de proteção integral aos sofredores.

Jesus deixou que a serenidade reinasse de novo, e, louvando a piedade, comunicou aos amigos que, no dia imediato, a título de experiência, todos os enfermos seriam curados, antes da pregação.

Com efeito, no outro dia, desde manhãzinha, o Médico Celeste, acolitado pelos Apóstolos, impôs suas milagrosas mãos sobre os doentes de todos os matizes. No curso de algumas horas, foram libertados mais de cem prisioneiros da sarna, do cancro, do reumatismo, da paralisia, da cegueira, da obsessão...

Os enfermos penetravam o gabinete improvisado ao ar livre, com manifesta expressão de abatimento, e voltavam jubilosos.

Tão logo reapareciam, de olhar fulgurante, restituídos à alegria, à tranquilidade e ao movimento, formulava Pedro o convite fraterno para o banquete de verdade e luz.

O Mestre, em breves instantes, falaria com respeito à beleza da eternidade e à glória do Infinito; demonstraria o amor e a sabedoria do Pai e descortinaria horizontes divinos da renovação, desvendando segredos do Céu para que o povo traçasse luminoso caminho de elevação e aperfeiçoamento na Terra.

Os alegres beneficiados, contudo, se afastavam céleres, entre frases apressadas de agradecimento e desculpa. Declaravam-se alguns ansiosamente esperados no ambiente doméstico e outros se afirmavam interessados em retomar certas ocupações vulgares, com urgência.

Com a cura do último feridento, a vasta margem do lago contava apenas com a presença do Senhor e dos doze aprendizes.

Desagradável silêncio baixou sobre a reduzida assembleia.

O pescador de Cafarnaum endereçou significativo olhar de tristeza e desapontamento ao Mestre, mas o Cristo falou compassivo:

— Pedro, estuda a experiência e guarda a lição. Aliviemos a dor, mas não nos esqueçamos de que o sofrimento é criação do próprio homem, ajudando-o a esclarecer-se para a vida mais alta.

E sorrindo, expressivamente, rematou:

— A carne enfermiça é remédio salvador para o Espírito envenenado. Sem o bendito aguilhão da enfermidade corporal é quase impossível tanger o rebanho humano do lodaçal da Terra para as culminâncias do paraíso.

(Mensagem extraída do livro *Contos e apólogos,* cap. 6.)

~ 15 ~
Parábola simples

Diversos aprendizes rodeavam o Senhor, em Cafarnaum, em discussão acesa, com respeito ao poder da palavra, acentuando-lhe os bens e os males.

Propunham alguns o verbo contundente para a regeneração do mundo, enquanto outros preconizavam a frase branda e compreensiva.

Reparando o tom de azedia nos companheiros irritadiços, o Mestre interferiu e contou uma parábola simples.

— Certa feita — narrou, com doçura —, o Gênio do Bem, atendendo à prece de um lavrador de vida singela, emitiu um raio de luz e insuflou-o sobre o coração dele, em forma de pequenina observação carinhosa e estimulante, através de uma boca otimista. No peito do modesto homem do campo, a fagulha acentuou-se, inflamando-lhe os sentimentos mais elevados numa chama sublime de ideal do bem, derramando-se para todas as pessoas que povoavam a paisagem.

"Em breve tempo, o raio minúsculo era uma fonte de claridade a criar serviço edificante em todos os círculos do sítio abençoado; sob a sua atuação permanente, os trigais cresceram com promessas mais amplas e a vinha robusta anunciava abundância e alegria.

"Converteu-se o raio de luz em esperança e felicidade na alma dos lavradores, e a seara bem provida avançou, triunfal, do campo venturoso para todas as regiões que o cercavam, à maneira de mensagem sublime de paz e fartura.

"Muita gente acorreu àquele recanto risonho e calmo, tentando aprender a ciência da produção fácil e primorosa e conduziu para as zonas mais distantes os processos pacíficos de esforço e colaboração, que o lume da boa vontade ali instalara no ânimo geral.

"Ao fim de alguns poucos anos, o raio de luz transformara-se numa época de colheitas sadias para a tranquilidade popular."

O Mestre fez ligeiro intervalo e continuou:

— Veio, porém, um dia em que o povo afortunado, orgulhando-se agora do poderio obtido com o auxílio oculto, se esqueceu da gratidão que devia à Magnanimidade Celeste e pretendeu humilhar uma nação vizinha. Isso bastou para que grande brecha se abrisse à influência do Gênio do Mal, que emitiu um estilete de treva sobre o coração de uma pobre mulher do povo, por intermédio de uma boca maldizente.

"A infortunada criatura não mais sentiu a claridade interior da harmonia e deixou que o traço de sombra se multiplicasse indefinidamente em seu íntimo de mãe enceguecida... Logo após, despejou a sua provisão de trevas, já transbordante, na alma de dois filhos que trabalhavam num extenso vinhedo, e ambos, envenenados por pensamentos escuros de revolta, facilmente encontraram companheiros dispostos a absorver-lhes os espinhos invisíveis de indisciplina e maldade, incendiando vasta propriedade e empobrecendo vários senhores de rebanhos e terras, dantes prósperos.

"A perversa iniciativa encontrou vários imitadores e, em tempo curto, estabeleceram-se estéreis conflitos em todo o Reino.

"Administradores e servos confiaram-se, desvairados, a duelo mortal, trazendo o domínio da miséria que passou a imperar, detestada e cruel para todos."

O Divino Amigo silenciou por minutos longos e acrescentou:

— Nesta parábola humilde, temos o símbolo da palavra preciosa e da palavra infeliz. Uma frase de incentivo e bondade é um raio de luz, suscetível de erguer uma nação inteira, mas uma sentença perturbadora pode transportar todo um povo à ruína...

Pensou, pensou e concluiu:

— Estejamos certos de que se a luz devora as distâncias, iluminando tudo o que se lhe oferece à paisagem, a treva rola também, enegrecendo o que vai encontrando. Em verdade, a ação é dos braços, mas a direção vem sempre do pensamento, por meio da língua. E sendo todo homem filho de Deus e herdeiro dele, na criação e na extensão da vida, ouça quem tiver "ouvidos de ouvir".

(Mensagem extraída do livro *Contos e apólogos*, cap. 10.)

~ 16 ~
A lição do discernimento

Finda a cena brutal, em que o povo pretendia lapidar a mulher infeliz, na praça pública, Pedro, que seguia o Senhor, de perto, interpelou-o zelosamente:

— Mestre, desculpando os erros das mulheres que fogem ao ministério do lar, não estaremos oferecendo apoio à devassidão? Abrir os braços no espetáculo deprimente que acabamos de ver não será proteger o pecado?

Jesus meditou, meditou... e respondeu:

— Simão, seremos sempre julgados pela medida com que julgarmos os nossos semelhantes.

— Sim — clamou o Apóstolo, irritado —, compreendo a caridade que nos deve afastar dos juízos errôneos, mas porventura conseguiremos viver sem discernir? Uma pecadora, trazida ao apedrejamento, não perturbará a tranquilidade das famílias? Não representará um quadro de lama para as crianças e para os jovens? Não será uma excitação à prática do mal?

Ante as duras interrogações, o Messias observou sereno:

— Quem poderá examinar agora o acontecimento, em toda a extensão dele? Sabemos, acaso, quantas lágrimas terá vertido essa desventurada mulher até a queda fatal no grande infortúnio? Quem terá dado a esse pobre coração feminino o primeiro impulso para o despenhadeiro? E quem sabe, Pedro, essa desditosa irmã terá sido arrastada à loucura, atendendo a desesperadoras necessidades?

O discípulo, contudo, no propósito de exalçar a justiça, acrescentou:

— De qualquer modo, a corrigenda é inadiável imperativo. Se ela nos merece compaixão e bondade, há então, noutros setores, o culpado ou os culpados que precisamos punir. Quem terá provocado a cena desagradável a que assistimos? Geralmente, as mulheres desse naipe são reservadas e fogem à multidão... Que motivos teriam trazido essa infeliz ao clamor da praça?

Jesus sorriu complacente, e tornou:

— Quem sabe a pobrezinha andaria à procura de assistência?

O pescador de Cafarnaum acentuou contrariado:

— O responsável devia expiar semelhante delito. Sou contra a desordem e, na gritaria que presenciamos, estou convencido de que o cárcere e os açoites deveriam funcionar...

Nesse ponto do entendimento, velha mendiga que ouvia a conversação, caminhando vagarosamente, quase junto deles, exclamou para Simão, surpreendido:

— Galileu bondoso, herdeiro da fé vitoriosa de nossos pais, graças sejam dadas a Deus, nosso Poderoso Senhor! A mulher apedrejada é filha de minha irmã paralítica e cega. Moramos nas vizinhanças e vínhamos ao mercado em busca de alimento. Abeirávamo-nos daqui, quando fomos assaltadas por um rapaz que, depois de repelido por ela, em luta corpo a corpo, saiu a indicá-la ao povo para a lapidação, simplesmente porque minha infeliz sobrinha, digna de melhor sorte, não tem tido até hoje uma vida regular... Ambas estamos feridas e, com dificuldade, tornaremos para a casa... Se é possível, galileu generoso, restabelece a verdade e faze a justiça!

— E onde está o miserável? — gritou Simão, enérgico, diante do Mestre, que o seguia bondoso.

— Ali!... Ali!... — informou a velhinha, com o júbilo de uma criança reconduzida repentinamente à alegria. E apontou uma casa de peregrinos, para onde o Apóstolo se dirigiu, acompanhado de Jesus que o observava sereno.

Por trás de antiga porta, escondia-se um homem, trêmulo de vergonha.

Pedro avançou de punhos cerrados, mas, a breves segundos, estacou pálido e abatido.

O autor da cena triste era Efraim, filho de Jafar, pupilo de sua sogra e comensal de sua própria mesa.

Seguira o Messias com piedosa atitude, mas Pedro bem reconhecia agora que o irmão adotivo de sua mulher guardava intenção diferente.

Angustiado, em lágrimas de cólera e amargura, Simão adiantou-se para o Cristo, à maneira do menino necessitado de proteção, e bradou:

— Mestre, Mestre!... Que fazer?!...

Jesus, porém, acolheu-o amorosamente nos braços e murmurou:

— Pedro, não julguemos para não sermos julgados. Aprendamos, contudo, a discernir.

(Mensagem extraída do livro *Contos e apólogos,* cap. 14.)

~ 17 ~
No caminho do amor

Em Jerusalém, nos arredores do Templo, adornada mulher encontrou um nazareno, de olhos fascinantes e lúcidos, de cabelos delicados e melancólico sorriso, e fixou-o estranhamente.

Arrebatada na onda de simpatia a irradiar-se dele, corrigiu as dobras da túnica muito alva, colocou no olhar indizível expressão de doçura e, deixando perceber, nos meneios do corpo frágil, a visível paixão que a possuíra de súbito, abeirou-se do desconhecido e falou ciciante:

— Jovem, as flores de Séforis encheram-me a ânfora do coração com deliciosos perfumes. Tenho felicidade ao teu dispor, em minha loja de essências finas...

Indicou extensa vila, cercada de rosas, à sombra de arvoredo acolhedor, e ajuntou:

— Inúmeros peregrinos cansados me buscam à procura do repouso que reconforta. Em minha primavera juvenil, encontram o prazer que representa a coroa da vida. É que o

lírio do vale não tem a carícia dos meus braços e a romã saborosa não possui o mel de meus lábios. Vem e vê! Dar-te-ei leito macio, tapetes dourados e vinho capitoso... Acariciar-te-ei a fronte abatida e curar-te-ei o cansaço da viagem longa! Descansarás teus pés em água de nardo e ouvirás, feliz, as harpas e os alaúdes de meu jardim. Tenho a meu serviço músicos e dançarinas, exercitados em palácios ilustres!...
Ante a incompreensível mudez do viajor, tornou súplice, depois de leve pausa:
— Jovem, por que não respondes? Descobri em teus olhos diferente chama e assim procedo por amar-te. Tenho sede de afeição que me complete a vida. Atende! Atende!...
Ele parecia não perceber a vibração febril com que semelhantes palavras eram pronunciadas e, notando-lhe a expressão fisionômica indefinível, a vendedora de essências acrescentou um tanto agastada:
— Não virás?
Constrangido por aquele olhar esfogueado, o forasteiro apenas murmurou:
— Agora, não. Depois, no entanto, quem sabe?!...
A mulher, ajaezada de enfeites, sentindo-se desprezada, prorrompeu em sarcasmos e partiu.

~

Transcorridos dois anos, quando Jesus levantava paralíticos, ao pé do Tanque de Betesda, venerável anciã pediu-lhe socorro para infeliz criatura, atenazada de sofrimento.
O Mestre seguiu-a, sem hesitar.
Num pardieiro denegrido, um corpo chagado exalava gemidos angustiosos.
A disputada mercadora de aromas ali se encontrava carcomida de úlceras, de pele enegrecida e rosto disforme.

Feridas sanguinolentas pontilhavam-lhe a carne, agora semelhante ao esterco da terra. Exceção dos olhos profundos e indagadores, nada mais lhe restava da feminilidade antiga.

Era uma sombra leprosa, de que ninguém ousava aproximar-se.

Fitou o Mestre e reconheceu-o.

Era o mesmo mancebo nazareno, de porte sublime e atraente expressão.

O Cristo estendeu-lhe os braços, tocado de intraduzível ternura e convidou:

— Vem a mim, tu que sofres! Na Casa de meu Pai, nunca se extingue a esperança.

A interpelada quis recuar, conturbada de assombro, mas não conseguiu mover os próprios dedos, vencida de dor.

O Mestre, porém, transbordando compaixão, prosternou-se fraternal, e conchegou-a, de manso...

A infeliz reuniu todas as forças que lhe sobravam e perguntou, em voz reticenciosa e dorida:

— Tu?... O Messias Nazareno?... O Profeta que cura, reanima e alivia?!... Que vieste fazer, junto de mulher tão miserável quanto eu?

Ele, contudo, sorriu benevolente, retrucando apenas:

— Agora, venho satisfazer-te os apelos.

E, recordando-lhe as palavras do primeiro encontro, acentuou compassivo:

— Descubro em teus olhos diferente chama e assim procedo por amar-te.

(Mensagem extraída do livro *Contos e apólogos*, cap. 18.)

~ 18 ~
A conduta cristã

Ibraim ben Azor, o cameleiro, entrou na residência acanhada de Simão e, à frente do Cristo, que o fitava de olhos translúcidos, pediu instruções da Boa-Nova, ao que Jesus respondeu com a doçura habitual, tecendo considerações preciosas e simples, a respeito do Reino de Deus no coração dos homens.

— Mestre — perguntou Ibraim, desejando conhecer as normas evangélicas —, na hipótese de aceitar a nova revelação, como me comportarei perante as criaturas de má-fé?

— Perdoarás e trabalharás sempre, fazendo quanto possível para que se coloquem no nível de tua compreensão, desculpando-as e amparando-as, infinitamente.

— E se me cercarem todos os dias?

— Continuarás perdoando e trabalhando em benefício delas.

— Mestre — invocou Ibraim, admirado —, a calúnia é um braseiro a requeimar-nos o coração... Admitamos que tais pessoas me vergastem com frases cruéis e apontamentos injustos... Como proceder quando me enlamearem o caminho, atirando-me flechas incendiadas?

— Perdoarás e trabalharás sem descanso, possibilitando a renovação do pensamento que a teu respeito fazem.

— E se me ferirem? Se a violência sujeitar-me à poeira, e a traição golpear-me pelas costas? Se meu sangue correr, em louvor da perversidade?

— Perdoarás e trabalharás, curando as próprias chagas, com a disposição de servir, invariavelmente, na certeza de que as leis do justo Juiz se cumprirão sem prejuízo dum ceitil.

— Senhor — clamou o consulente desapontado —, e se a pesada mão dos ignorantes ameaçar-me a casa? Se a maldade perseguir-me a família, dilacerando os meus nos interesses mais caros?

— Perdoarás e trabalharás a fim de que a normalidade se reajuste sem ódios, compreendendo que há milhões de seres na Terra fustigados por aflições maiores que a tua, cabendo-nos a obrigação de auxiliar, não somente os que se fazem detentores do nosso bem-querer, mas também a todos os irmãos em humanidade que o Pai nos recomenda amar e ajudar, incessantemente.

Ibraim, assombrado, indagou de novo:

— Senhor, e se me prenderem por homicida e ladrão, sem que eu tenha culpa?

— Perdoarás e trabalharás, agindo sempre segundo as sugestões do bem, convencido de que o homem pode encarcerar o corpo, mas nunca algemará a ideia pura, nobre e livre.

— Mestre — prosseguiu o cameleiro, intrigado —, e se me prostrarem no leito? Se me crivarem de úlceras, impossibilitando-me qualquer ação? Como trabalhar de braços imobilizados, quando nos resta apenas o direito de chorar?

— Perdoarás e trabalharás com o sorriso da paciência fiel, cultivando a oração e o entendimento no espírito edificado, confiando na proteção do Pai Celestial que envia socorro e alimento aos próprios vermes anônimos do mundo.

— Mestre, e se, por fim, me matarem? se depois de todos os sacrifícios aparecer a morte por estrada inevitável?

— Demandarás o túmulo, perdoando e trabalhando na ação gloriosa, em benefício de todos, conservando a paz sublime da consciência.

Entre estupefato e aflito, Ibraim voltou a indagar depois de alguns instantes:

— Senhor, e se eu conseguir tolerar os ignorantes e os maus, ajudando-os e recebendo-lhes os insultos como benefícios, oferecendo a luz pela sombra e o bem pelo mal, se encarar, com serenidade, os golpes arremessados contra os meus, se receber feridas e sarcasmos sem reclamação e se aceitar a própria morte, guardando sincera compaixão por meus algozes? Que lugar destacado me caberá, diante da grandeza divina? Que título honroso exibirei?

Jesus, sem alterar-se, considerou:

— Depois de todos os nossos deveres integralmente cumpridos, não passamos de meros servidores, à face do Pai, a quem pertence o Universo, desde o grão de areia às estrelas distantes.

Ibraim, conturbado, levantou-se, chamou o dono da casa e perguntou a Pedro se aquele homem era realmente o Messias. E quando o pescador de Cafarnaum confirmou a identidade do Mestre, o cameleiro, carrancudo, qual se houvesse recebido grave ofensa, avançou para fora e seguiu para diante, sem dizer adeus.

(Mensagem extraída do livro *Contos e apólogos*, cap. 22.)

~ 19 ~
O escriba enganado

Achava-se o Mestre em casa de Pedro; contudo, em localidades diversas, em derredor do grande lago, propalava-se-lhe a Boa-Nova. Comentavam-se-lhe as preleções qual se fora Ele um príncipe desconhecido, chamado à restauração nacionalista.

Se aparecia em público, era apontado como revolucionário em vias de levantar a bandeira de antigas reivindicações e, quando no santuário doméstico, recebia visitas corteses e indagadoras. Não surgiam, no entanto, tão somente os que vinham consultá-lo acerca de princípios libertários, mas também os que, inflados de superioridade, vinham discutir os problemas da fé.

Foi assim que o escriba Datan se acercou familiarmente dele, sobraçando rolos volumosos e guardando ares de mistério na palavra sigilosa e malevolente.

Fez solene preliminar, explicando os motivos de sua vinda. Estudara muitíssimo.

Conhecia o drama de Israel, desde os primórdios.

Possuía velhos escritos, referentes às perseguições mais remotas. Arquivara, cuidadoso, preciosas tradições ocultas que relatavam os sofrimentos da raça na Assíria e no Egito. Encontrava-se em ligação com vários remanescentes de sacerdotes hebreus de outros séculos. Discutia, douto e perspicaz, sobre o passado de Moisés e Aarão, na pátria dos faraós, e recolhera conhecimentos novos, com respeito à Terra da Promissão.

Em virtude da inteligência inata com que sabia tratar os problemas do revelacionismo, declarava-se disposto a colaborar no restabelecimento da verdade.

Pretendia contribuir, não só com o verbo inflamado, mas também com a bolsa no banimento sumário de todos os exploradores do Templo.

Depois de pormenorizada exposição que o Senhor ouviu em silêncio, aduziu o escriba entusiasta:

— Mestre, não será indiscutível a necessidade de reforma da fé?

— Sim... — confirmou Jesus, sem comentários.

Datan, extremamente loquaz, prosseguiu:

— Venho trazer-te, pois, a minha solidariedade sem condições. Dói-me contemplar a Casa Divina ocupada por ladrões e cambistas sem consciência. Sou cultivador da lei, rigorista e intransigente. Tenho o *Levítico* de cor, para evitar o contato de pessoas e alimentos imundos. Cumpro as minhas obrigações e não suporto a presença de quantos dilapidam o altar, sob pretexto de protegê-lo.

Fixou expressão colérica no olhar de raposa ferida, baixou o tom de voz, à maneira de denunciador comum, e anunciou sussurrante:

— Tenho comigo a relação de todos os lagartos e corvos que insultam o santuário de Deus. Ser-te-ei devoto colaborador para confundi-los e exterminá-los. Meus pergaminhos são brasas vivas da verdade. Conheço os que roubam do povo miserável em benefício dos próprios romanos que nos dominam. O Templo está cheio de rapinagem. Há feras em forma humana que ali devoram as riquezas do Senhor, lendo textos sagrados. São criaturas melosas e escarninhas, untuosas e traidoras...

O Cristo ouvia sem qualquer palavra que lhe demonstrasse o desagrado e, ébrio de maledicência, o visitante desdobrou um dos rolos, fixou alguns apontamentos e acrescentou:

— Vejamos pequena galeria de criminosos que, de imediato, precisamos conter.

"O rabino Jocanan vive cercado de discípulos, administrando lições, mas é proprietário de muitos palácios, conseguidos à custa de viúvas misérrimas; é um homem asqueroso pela sovinice a que se confia.

"O rabino Jafé, desde muito, é um explorador de mulheres desventuradas; do átrio da casa de Deus para dentro é uma ovelha, mas do átrio para fora é um lobo insaciável.

"Nasson, o sacerdote, vale-se da elevada posição que desfruta para vender, a preços infames, touros e cabras destinados aos sacrifícios, por intermédio de terceiros que lhe enriquecem as arcas; já possui três casas grandes, cheias de escravos, em Cesareia, com vastos rebanhos de carneiros.

"Agiel, um dos guardas do sagrado candeeiro, enverga túnica respeitável durante o dia e é salteador durante a noite; sei quantas pessoas foram por ele assaltadas no último ano sabático.

"Nenrod, o zelador do Santo dos Santos, tem sete assassínios nas costas; formula preces comoventes no lugar divino, mas é malfeitor contumaz, evadido da Síria.

"Manassés, o explicador dos Salmos de Davi, vende pombos a preços asfixiantes, criando constrangimento às mulheres imundas que buscam a purificação, de maneira a explorar-lhes a boa-fé.

"Gad, o fiscal de carnes impuras, tem a casa repleta de utilidades do santuário, que cede modicamente, enchendo-se-lhe os cofres de ouro e prata.

"Efraim, o levita, que se insinua presentemente na casa do Sumo Sacerdote, é político sagaz; a humildade fingida lhe encobre os tenebrosos planos de dominação."

Reparando, porém, que Jesus se mantinha mudo, o interlocutor interrompeu-se, fixou-o com desapontamento, e concluiu:

— Senhor, aceita-me no ministério. Estou pronto. Informaram-me de que te dispões a fundar um novo Reino e uma nova ordem... Auxiliar-te-ei a massacrar os impostores, renovaremos a crença de nosso povo...

Mas Jesus, sorrindo agora, compassivo e triste, retrucou muito calmo:

— Datan, equivocas-te naturalmente, qual acontece a muitos outros. A Boa-Nova é de salvação. Não procuro delatores, nem carrascos, sempre valiosos nos tribunais. Estamos buscando simplesmente homens e mulheres que desejam amar o próximo e ajudá-lo, em nome de nosso Pai, a fim de que nos façamos melhores uns para com os outros.

O Mestre, sereno e persuasivo, ia continuar, mas o escriba eloquente, tão profundo no conhecimento das vidas alheias, enrolou os pergaminhos, apressado, franziu os lábios amarelos de cólera inútil e atravessou a soleira da porta sem olhar para trás.

(Mensagem extraída do livro *Contos e apólogos,* cap. 30.)

~ 20 ~
Aprendizes e adversários

Jonathan, Jessé e Eliakim, funcionários do Templo de Jerusalém, passando por Cafarnaum, procuraram Jesus no singelo domicílio de Simão Pedro.

Recebidos pelo Senhor, entregaram-se, de imediato, à conversação.

— Mestre — disse o primeiro —, soubemos que a tua palavra traz ao mundo as Boas-Novas do Reino de Deus e, entusiasmados com as tuas concepções, hipotecamos ao teu ministério o nosso aplauso irrestrito. Aspiramos, Senhor, à posição de discípulos teus... Não obstante as obrigações que nos prendem ao Sagrado Tabernáculo de Israel, anelamos servir-te, aceitando-te as ideias e lições, com as quais seremos colunas de tua causa na cidade eleita do povo escolhido... Contudo, antes de solenizar nossos votos, desejamos ouvir-te quanto à conduta que nos compete à frente dos inimigos...

— Messias, somos hostilizados por terríveis desafetos, no Santuário — exclamou o segundo —, e, extasiados com os teus ensinamentos, estimaríamos acolher-te a orientação.

— Filho de Deus — pediu o terceiro —, ensina-nos como agir...

Jesus meditou alguns instantes, e respondeu:

— Primeiramente, é justo considerar nossos adversários como instrutores. O inimigo vê junto de nós a sombra que o amigo não deseja ver e pode ajudar-nos a fazer mais luz no caminho que nos é próprio. Cabe-nos, desse modo, tolerar--lhe as admoestações, com nobreza e serenidade, tal qual o ferro, que após sofrer, paciente, o calor da forja, ainda suporta os golpes do malho com dignidade humilde, a fim de se adaptar à utilidade e à beleza.

Os visitantes entreolharam-se perplexos, e Jonathan retomou a palavra, perguntando:

— Senhor, e se somos injuriados?

— Adotemos o perdão e o silêncio — disse Jesus. — Muita gente que insulta é vítima de perturbação e enfermidade.

— E se formos perseguidos? — indagou Jessé.

— Utilizemos a oração em favor daqueles que nos afligem, para que não venhamos a cair no escuro nível da ignorância a que se acolhem.

— Mestre, e se nos baterem, esmurrarem? — interrogou Eliakim. — Que fazer se a violência nos avilta e confunde?

— Ainda assim — esclareceu o brando interpelado —, a paz íntima deve ser nosso asilo; e o amor fraterno, a nossa atitude, porquanto, quem procura seviciar o próximo e dilacerá-lo está louco e merece compaixão.

— Senhor — insistiu Jonathan —, que resposta oferecer, então, à maledicência, à calúnia e à perversidade?

O Cristo sorriu e precisou:

— O maledicente guarda consigo o infortúnio de descer à condição do verme que se alimenta com o lixo do mundo, o caluniador traz no coração largas doses de fel e veneno que lhe flagelam a vida, e o perverso tem a infelicidade de cair nas armadilhas que tece para os outros. O perdão é a única resposta que merecem, porque são bastante desditosos por si mesmos.

— E que reação assumir perante os que perseguem? — inquiriu Jessé, preocupado.

— Quem persegue os semelhantes tem o Espírito em densas trevas e mais se assemelha ao cego desesperado que investe contra os fantasmas da própria imaginação, arrojando-se ao fosso do sofrimento. Por esse motivo, o socorro espiritual é o melhor remédio para os que nos atormentam...

— E que punição reservar aos que nos ferem o corpo, assaltando-nos o brio? — perguntou Eliakim, espantado.

— Refiro-me àqueles que nos vergastam a face e fazem sangrar o peito...

— Quem golpeia pela espada, pela espada será golpeado também, até que reine o Amor puro na Terra — explicou o Mestre, sem pestanejar. — Quem se rende às sugestões do crime é um doente perigoso que devemos corrigir com a reclusão e com o tratamento indispensável. O sangue não apaga o sangue e o mal não retifica o mal...

E, espraiando o olhar doce e lúcido pelos circunstantes, continuou:

— É imperioso saibamos amar e educar os semelhantes com a força de nossas convicções e conhecimentos, a fim de que o Reino de Deus se estenda no mundo... As Boas-Novas de Salvação esperam que o santo ampare o pecador, que o são ajude ao enfermo, que a vítima auxilie o verdugo...

Para isso, é imprescindível que o perdão incondicional, com o olvido de todas as ofensas, assegure a paz e a renovação de tudo...

Nesse ínterim, uma criança doente chorou em alta voz num aposento contíguo.

O Mestre pediu alguns instantes de espera e saiu para socorrê-la, mas, ao regressar, debalde buscou a presença dos aprendizes fervorosos e entusiastas.

Na sala modesta de Pedro não havia ninguém.

(Mensagem extraída do livro *Contos desta e doutra vida,* cap. 4.)

~ 21 ~
A única dádiva

    Conta-se que Simão Pedro estava cansado, depois de vinte dias junto do povo.
    Banhara feridentos, alimentara mulheres e crianças esquálidas, e, em vez de receber a aprovação do povo, recolhia insultos velados, aqui e ali...
    Após três semanas consecutivas de luta, fatigara-se e preferira isolar-se entre alcaparreiras amigas.
    Por isso mesmo, no crepúsculo anilado, estava, ele só, diante das águas, a refletir...
    Aproxima-se alguém, contudo...
    Por mais busque esconder-se, sente-se procurado.
    É o próprio Cristo.
    — Que fazes, Pedro? — diz-lhe o Senhor.
    — Penso, Mestre.
    E o diálogo prolongou-se.
    — Estás triste?
    — Muito triste.

— Por quê?

— Chamam-me ladrão.

— Mas se a consciência não te acusa, que tem isso?

— Sinto-me desditoso. Em nome do amor que me ensinas, alivio os enfermos e ajudo aos necessitados. Entretanto, injuriam-me. Dizem por aí que furto, que exploro a confiança do povo... Ainda ontem, distribuía os velhos mantos que nos foram cedidos pela casa de Carpo, entre os doentes chegados de Jope... Alegou alguém, inconsideradamente, que surrupiei a maior parte... Estou exausto, Mestre. Vinte dias de multidão pesam muito mais que vinte anos de serviço na barca...

— Pedro, que deste aos necessitados nestes últimos vinte dias?

— Moedas, túnicas, mantos, unguentos, trigo, peixe...

— De onde chegaram as moedas?

— Das mãos de Joana, a mulher de Cusa.

— As túnicas?

— Da casa de Zobalan, o curtidor.

— Os mantos?

— Da residência de Carpo, o romano que decidiu amparar-nos.

— Os unguentos?

— Do lar de Zebedeu, que os fabrica.

— O trigo?

— Da seara de Zaqueu, que se lembra de nós...

— E os peixes?

— Da nossa pesca.

— Então, Pedro?

— Que devo entender, Senhor?

— Que apenas entregamos aquilo que nos foi ofertado para distribuirmos em favor dos que necessitam. A Divina

Bondade conjuga as circunstâncias e confia-nos de um modo ou de outro os elementos que devamos movimentar nas obras do bem... Disseste servir em nome do amor...

— Sim, Mestre...

— Recorda, então, que o amor não relaciona calúnias, nem conta sarcasmos.

O discípulo, entremostrando súbita renovação mental, não respondeu.

Jesus abraçou-o e disse apenas:

— Pedro, todos os bens da vida podem ser transmitidos de sítio a sítio e de mão em mão... Ninguém pode dar, em essência, esse ou aquele patrimônio do mundo, senão o próprio Criador, que nos empresta os recursos por Ele gerados na Criação... E, se algo podemos dar de nós, o amor é a única dádiva que podemos fazer, sofrendo e renunciando por amar...

O Apóstolo compreendeu e beijou as mãos que o tocavam de leve.

Em seguida, puseram-se ambos a falar alegremente sobre as tarefas esperadas para o dia seguinte.

(Mensagem extraída do livro *Contos desta e doutra vida*, cap. 13.)

~ 22 ~
O escriba incrédulo

Descansava Jesus em casa de Igorin, o curtidor, no vilarejo de Dalmanuta, quando Joab, escriba em Cesareia, partiu à procura dele, em companhia de Zebedeu, pai de Tiago e João, que lhe devotava imensa estima.

Enquanto caminhava, depois de largada a barca, o amigo da cidade, que jamais contemplara o Doce Nazareno, falava compungido de mágoas que sofrera.

Sentia-se doente, em suprema revolta.

Desejava escutar o verbo do Senhor para certificar-se quanto à própria conduta.

Dizia-se crivado de injustiça e calúnia.

Permutavam, assim, impressões espontâneas e afetuosas quando o lar de Igorin lhes surgiu pela frente, ao longe.

Ao redor do tugúrio, congregavam-se enfermos, avultando, entre eles, um homem maduro e esbelto a gritar estentórico, e que, guardado à pressa, excluiu-se do quadro, desafiando, assim, a curiosidade de ambos os viajores.

No átrio da casa pobre, indaga Zebedeu de uma velha aleijada quem era aquele mísero, e informa-lhe a anciã que se tratava de um louco infeliz à procura do Mestre.

Nisso, Tiago e Pedro aparecem de chofre e dizem que Jesus pretendia ausentar-se para a prece nos montes.

Joab, ouvindo isto, penetra sozinho pela casa, e encontra em quarto humilde o Cristo generoso, meditando em silêncio.

— Mestre! — clama, chorando, depois de confortado às saudações primeiras — tenho o peito dorido e o pensamento em fogo, humilhado que estou por injúrias atrozes. Feriram-me, Senhor, enodoando-me o nome e furtando-me o pão... Que fazer ante o mal que me ataca, insolente? de que modo portar-me perante os inimigos que me cobrem de lodo?

— Perdoa, filho meu! — disse o Amigo Celeste.

— Senhor, como esquecer malfeitores e ingratos?

— Anotando-lhes sempre a condição de enfermos.

— Enfermos? Como assim, se perseguem matando?

— Não procederiam desse modo se não fossem dementes.

— Mestre — insistiu Joab —, convém esclarecer que os meus adversários são ladrões perigosos...

— São, pois, mais infelizes...

— Infelizes, por quê? se têm casas faustosas e terras florescentes?

— Todavia, amanhã descerão ao sepulcro, abandonando o furto a mãos que desconhecem...

— Entretanto, Senhor, sem qualquer razão justa, eles querem prender-me...

— Não importa, meu filho, pois todo delinquente está preso em si mesmo às algemas da treva.

— Mestre! Mestre! Ainda assim, espreitam-me igualmente em tocaia sinistra, prelibando-me a morte, todos eles armados de punhais assassinos!...

— Perdoa e ora por eles — disse o Cristo, sereno —, porque é da Eterna Lei que a justiça se faça... Todo aquele que fere será também ferido...

O escriba, em desespero, ajuntou lacrimoso:

— Senhor, estou sozinho, despojado de tudo... Iludiram-me a esposa e roubaram-me os filhos... Acusado sem culpa, o cárcere me espera; venerei sempre as leis, guardando-lhes os princípios e toda a minha dor nasce da sombra hostil da infâmia que me cerca! Que fazer, Benfeitor, ante as garras da lama?

— Filho, perdoa sempre, olvida todo mal e faze todo o bem, porque somente o bem é luz que não se apaga...

Incapaz de conter o assombro que o traía, Joab esgueirou-se de soslaio, perguntando lá fora aos amigos surpresos:

— Dizei-me, por favor, onde acharei o Mestre Jesus? quero Jesus para ouvir-lhe a palavra!...

O escriba renitente conservava a impressão de ter ouvido o louco que avistara ao chegar àquela casa, e não o próprio Cristo...

(Mensagem extraída do livro *Contos desta e doutra vida,* cap. 29.)

~ 23 ~
O mancebo rico

Diante do assunto, que se referia ao congraçamento de grupos religiosos, o ponderoso Simão, sábio israelita desencarnado, considerou sorridente:

— Semelhantes problemas já vicejavam em torno do próprio Cristo...

E, à vista da curiosidade geral, o ancião relatou:

— Efraim, filho de Bunan, era um chefe prestigioso dos fariseus, considerado cabeça dos hilelitas, que, ao tempo do Senhor, eram francamente mais liberais e mais instruídos que os partidários do Rabi Shammai, fanáticos e formalistas. Judeu profundamente culto, Efraim, aos 40 de idade, já se fizera autoridade máxima dos herdeiros espirituais de Hilel, o admirável doutor das Sete Regras... Excessivamente rico, dispunha não somente de valiosas terras cultivadas e de formoso palácio residencial em Jericó, onde sustentava largo prestígio, mas também de casas diversas em Jerusalém, vinhedos e campos de cevada, rebanhos e negócios importantes na Síria. Entretanto, não era só isso. Era o depositário dos recursos amoedados de companheiros numerosos. Todo fariseu hilelita que se lhe vinculasse à amizade, hipotecava-lhe confiança e, com isso, os próprios bens. Transformara-se-lhe a fortuna pessoal, desse modo, em extensa formação bancária, recolhendo depósitos vultosos e pagando juros compensadores. No centro da organização, cujos interesses financeiros se expandiam, constantes, era ele, embora relativamente moço, um oráculo e um amigo...

O narrador fez longa pausa, como se nos quisesse monopolizar as atenções, e prosseguiu:

— Devotado leitor da Mischna e apaixonado pelas doutrinas do antigo orientador que tudo fizera por desentranhar o espírito da letra, na interpretação das escrituras, Efraim ouviu, com imensa simpatia, as notícias do Reino de Deus, de que Jesus se revelava portador. Assinalando o ódio gratuito com que os fariseus rigorosos investiam contra o Mestre, mais se lhe exacerbou o desejo de um contato direto. O Mestre Nazareno falava de amor, concórdia, humildade, tolerância. Operava maravilhas. Trazia sinais do Céu, no alívio ao sofrimento humano. Não seria Ele, Jesus, o mensageiro da suprema união? Desde muito jovem, sonhava Efraim com a aliança de todas as crenças do povo de Israel. Mantinha habitualmente conversações pacíficas com saduceus amigos, bem colocados no Sinédrio, buscando a suspirada conciliação, sem resultados. De entendimento seguro com os shammaitas, desistira. Fatigara-se de intrigas e sarcasmos. Diligenciara colher os pontos de vista dos nazarenos e samaritanos, conhecidos por opiniões menos estreitas, ouvira compatrícios mentalmente marcados pelas inovações de credos estrangeiros, quais os que se mostravam em ativa correspondência com a Grécia e com o Egito, mas tudo debalde... Controvérsias entrechocavam-se, quais farpas afogueadas, incentivando perseguições... Demandara retiro deleitoso de essênios, em cuja intimidade repousara, durante alguns dias, anotando, encantado, várias referências, em derredor dos ensinamentos do Cristo; no entanto, mesmo aí, no seio da coletividade consagrada à comunhão de bens, no serviço da agricultura, encontrara antagonistas intransigentes, que não vacilavam no escárnio sobre os profitentes de outras convicções... A pouco e pouco, amadureceu o projeto de ir em pessoa ao encontro de Jesus, o fascinante condutor de multidões, a fim de expor-lhe o magnífico projeto. Reunir, enfim, os descendentes das doze tribos, eliminar para sempre as discussões e estabelecer a solidariedade real... Assim pensando, ao sabê-lo em atividade, além do Jordão, Efraim arrancou-se do lar, tentando surpreendê-lo.

Após algum tempo, achou-o entre homens cansados e tristes, e, ao fitá-lo, enterneceu-se-lhe o coração... Como que tocado de luz invisível, olhou para si mesmo e envergonhou-se das joias que trazia, conquanto adotasse, naquela hora, a indumentária que lhe era comumente mais simples. Tomado de funda emotividade, receava agora a almejada entrevista. Sentia-se inibido, pequeno de espírito. Sofrevava, a custo, as próprias lágrimas... Sim, concluía consigo mesmo, dirigir-se-ia ao Mestre das Boas-Novas, na feição de aprendiz, ocultaria a própria grandeza individual... Magnetizado, por fim, pelo sereno olhar de Jesus, dirigiu-se até Ele e perguntou:

— Bom Mestre, que farei para herdar a vida eterna?

Fugindo à lisonja, respondeu o Cristo:

— Por que me chamas bom? Não há bom senão um que é Deus. Mas se queres entrar na vida eterna, guarda os mandamentos.

— Quais? — tornou Efraim, preocupado.

E Jesus enumerou alguns dos antigos preceitos de Moisés:

— Amarás a Deus sobre todas as coisas; não matarás; não cometerás adultério; não furtarás; não pronunciarás falso testemunho; honrarás teus pais; amarás o próximo como a ti mesmo...

Efraim, que não se esquecia da própria condição de príncipe da cultura e da finança farisaicas, ajuntou, sorrindo:

— Tudo isso tenho observado desde a minha juventude.

O Mestre, no entanto, fixou nele os olhos lúcidos, como a desvendar-lhe o âmago da alma, e considerou:

— Algo te falta, ainda... Se queres aperfeiçoar-te, vai, vende tudo o que tens, tudo entregando aos pobres, e terás um tesouro nos Céus... Feito isso, vem e segue-me.

O poderoso dirigente dos fariseus, contudo, ao ouvir essas palavras, recordou subitamente as enormes riquezas que possuía e retirou-se muito triste...

Veridiano, um amigo que nos partilhava os estudos, indagou, logo que o relator deu a narrativa por terminada:

— Não será essa a história do mancebo rico, mencionada no Evangelho?

Simão esboçou largo sorriso e informou:

— Sem mais, nem menos...

E, assinalando-nos a surpresa, concluiu, sem que nos fosse possível aduzir, depois, qualquer comentário:

— A fusão dos agrupamentos religiosos no mundo é assunto muito velho. É aconselhada com ardor, aqui e ali; entretanto, quando se fala em esvaziar a bolsa, em favor dos necessitados, para que o amor puro garanta a construção do Reino de Deus, nas forças do espírito, quase todos os patronos da apregoada união se afastam muito tristes...

(Mensagem extraída do livro *Contos desta e doutra vida*, cap. 34.)

~ 24 ~
Jesus e Simão

Retirava-se Jesus do lar de Jeroboão, filho de Acaz, em Corazim, para atender a um pedido de socorro em casa próxima, quando quatro velhos publicanos apareceram, de chofre, buscando-lhe o verbo reconfortante.

Haviam recebido as notícias do Evangelho do Reino, tinham fome de esclarecimento e tranquilidade, suplicavam palavras que os auxiliassem na aquisição de paz e esperança.

O Mestre contemplou-lhes a veste distinta e os rostos vincados de funda inquietação, e compadeceu-se.

Instado, porém, por mensageiros que lhe requisitavam a presença à cabeceira de alguém que se avizinhava da morte, o Excelso Benfeitor chamou Simão Pedro e pediu-lhe, ante os consulentes amigos:

— Pedro, nossos irmãos chegam à procura de renovação e de afeto... Rogo sejas, junto deles, o portador do Bem Eterno!... Ampara-os com a verdade, prossigamos em nossa tarefa de amor...

O Apóstolo relanceou o olhar pelos circunstantes e, tão logo se viu a sós com eles, fez-se arredio e casmurro, esperando-lhes a manifestação.

Foi Eliúde, o joalheiro e mais velho dos quatro, que se ergueu e solicitou com modéstia:

— Discípulo do Senhor, ouvimos a Nova Revelação e temos o espírito repleto de júbilo!... Compreendemos que o Messias Nazareno vem da parte do Todo-Poderoso arrancar-nos da sombra para a luz, da morte para a vida... Que instruções e bênçãos nos dás, oh! dileto companheiro das Boas-Novas? Temos sede do Reino de Deus que o Mestre anuncia! Aclara-nos a inteligência, guia-nos o coração para os caminhos que devemos trilhar!...

Simão, contudo, de olhar coruscante, qual se fora austero zelador de consciências alheias, brandiu violentamente o punho fechado sobre a mesa, e falou ríspido:

— Conheço-vos a todos, oh! víboras de Corazim!...

E, apontando o dedo em riste para Eliúde, aquele mesmo que tomara a iniciativa do entendimento, acusou-o severamente:

— Que pretendes aqui, ladrão das viúvas e dos órfãos? Sei que ajuntaste imensa fortuna à custa de aflições alheias. Tuas pedras, teus colares, teus anéis!... Que são eles senão as lágrimas cristalizadas de tuas vítimas? Como consegues pronunciar o nome de Deus?...

Voltando-se para o segundo, na escala das idades, esbraveou:

— Tu, Moabe? A que vieste? Ignoras, porventura, que não te desconheço a miséria moral? Como te encorajaste a vir até aqui, após extorquir os dois irmãos, de quem furtaste os bens deixados por teu pai? Esqueces de que um deles morreu consumido de penúria e de que o outro enlouqueceu por tua causa, sem qualquer recurso para a própria manutenção?

Em seguida, dirigiu-se ao terceiro dos circunstantes:

— Que buscas, Zacarias? Não te envergonhas de haver provocado a morte de Zorobatel, o sapateiro, comprando-lhe as dívidas e atormentando-o, por execráveis cobranças, no só intuito de roubar-lhe a mulher? Já tens o fruto de tua caça. Aniquilaste um homem e tomaste-lhe a viúva... Que mais queres, infeliz?

E, virando-se para o último, gritou:

— Que te posso dizer, Ananias? Há muitos anos, sei que fazes o comércio da fome, exigindo que a hortaliça e o leite subam constantemente de preço, em louvor de tua cupidez... Jamais te incomodaste com as desventuradas crianças de teu bairro, que falecem na indigência, à espera de tua caridade, que nunca apareceu!...

Simão alçou os braços para o teto, como quem se propunha irradiar a própria indignação, e rugiu:

— Súcia de ladrões, bando de malfeitores!... O Reino de Deus não é para vós!...

Nesse justo momento, Jesus reentrou na sala, acompanhado de alguns amigos, e, entendendo o que se passava, contemplou, enternecidamente, os quatro publicanos arrasados de lágrimas, ao mesmo tempo que se abeirou do pescador amigo, indagando:

— Pedro, que fizeste?

Simão, desapontado à frente daqueles olhos cuja linguagem muda tão bem conhecia, tentou justificar-se:

— Senhor, tu disseste que eu deveria amparar estes homens com a verdade...

— Sim, Eu falei "amparar", nunca te recomendaria aniquilar alguém com ela...

Assim dizendo, Jesus aceitou o convite que Jeroboão lhe fazia para sentar-se à mesa e, sorrindo, insistiu com Eliúde, Moabe, Zacarias e Ananias para que lhe partilhassem a ceia.

Organizou-se, para logo, bela reunião, na qual o Verbo se mostrou reconfortante e enobrecido.

Conversando, o Mestre exaltou a Divina Providência de tal modo e se referiu ao Reino de Deus com tanta beleza, que todos os comensais guardavam a impressão de viver no futuro, em prodigiosa comunhão de interesses e ideais.

Quando os quatro publicanos se despediram, sentiam-se diferentes, transformados, felizes...

Jesus e Simão retiraram-se igualmente e, quando se acharam sozinhos, passo a passo, ante as estrelas da noite calma, o rude pescador exprobrou o comportamento do Divino Amigo, formulando perguntas, por meio de longos arrazoados.

Se era necessário demonstrar tanto carinho para com os maus, como estender auxílio aos bons? Se os homens errados mereciam tanto amor, que lhes competia fazer, em benefício dos homens retos?

O Cristo escutou as objurgações em silêncio e, quando o aprendiz calou as derradeiras reclamações, respondeu numa frase breve:

— Pedro, Eu não vim à Terra para curar os sãos.

(Mensagem extraída do livro *Estante da vida,* cap. 19.)

~ 25 ~
Ouvindo o Mestre

José de Arimateia, distinto cavalheiro de Jerusalém, não era um amigo de Jesus, à última hora. Efetivamente, não podia aceitar, de pronto, as verdades evangélicas e nem comprometer-se com a nova doutrina. Ligado a interesses políticos e raciais, continuava atento às tradições judaicas, embora observasse carinhosamente o apostolado divino. Sabia orientar-se com elegância e defendia o Nazareno, aparando acusações gratuitas. Impossível considerar Jesus mistificador. Conhecia-lhe, de perto, as ações generosas. Visitara Cafarnaum e Betsaida, reiteradas vezes, e, dono dum coração bem formado, condoía-se da sorte dos pobrezinhos. Em muitas ocasiões, examinara possíveis modificações do sistema de trabalho para beneficiar os servidores da gleba. Afligia-o observar criancinhas desprotegidas e nuas, ao longo das casinholas humildes dos pescadores. Por isso, a presença do Messias Nazareno, em derredor das águas, confortava-lhe o espírito sensível e bondoso, porque Jesus sabia inspirar confiança e despertar alegria no ânimo popular. Não podia segui-lo na posição de Apóstolo, mas estimava-o, sinceramente, na qualidade de amigo fiel.

Admirador desassombrado, José não suportava a tentação de apresentá-lo aos amigos prestigiosos e influentes. Não era o propósito propagandístico em sentido inferior que o animava em semelhantes impulsos. Desejava, no fundo, que todos conhecessem o Mestre e o amassem, tanto quanto ele mesmo.

Jesus, porém, se não deixava de atender aos irmãos humildes que lhe traziam os filhos da necessidade e da desventura, não podia endossar os entusiasmos dos amigos que lhe traziam os filhos da fortuna e do poder.

Em razão disso, o seu valoroso admirador de Jerusalém muitas vezes sentiu estranheza, em face do procedimento do Mestre, que se retraía com discrição singular. Os sacerdotes do Templo e autoridades farisaicas, invariavelmente, sentiam-se honrados com a apresentação de romanos ilustres. Mas Jesus era diferente. Guardava uma atitude respeitosa, com admirável economia de emoções e palavras, quando em contato com os poderosos da Terra. Ele, que se revelava alegremente aos pequeninos abandonados, mantinha-se fundamente reservado ante as autoridades intelectuais e políticas, como se fortes razões interiores o compelissem à vigilância.

Conta-se que, certa vez, quando se abeirava do lago, em companhia de Simão Pedro, no radioso crepúsculo de Cafarnaum, eis que lhe aparece José de Arimateia, de súbito, fazendo-se acompanhar de três amigos que, pela vestimenta, denunciavam a condição de áulicos imperiais. O prestimoso israelita adiantou-se e, depois de cumprimentar cordialmente o Messias, junto de Simão, apresentou-lhe os companheiros:

— Este é Pompônio Comodiano, patrício notável, com funções de assessor no gabinete do prefeito dos pretorianos.

Tem sob sua responsabilidade o interesse imediato de inúmeras famílias de servidores do Império.

E, como se quisesse comover o Nazareno, continuava:

— Muitas criancinhas dependem de suas providências e pareceres...

Jesus cumprimentou-o num gesto amigo, e José passou a outro:

— Este é Flávio Graco Acúrcio, questor admirado e cuidadoso, que se responsabiliza por serviços financeiros, desempenhando igualmente funções de juiz criminal. Grandes trabalhos desenvolve, no setor da autoridade administrativa, sendo obrigado a trabalho incessante, como elevado servidor do bem público.

O Mestre repetiu a saudação, e o amigo apresentou-lhe o último:

— Este é Quintiliano Agrícola, patrício ilustre, que desempenha as funções de legado do Imperador, em trânsito na província. Já prestou relevantes serviços em Aquitânia, noutro tempo, e agora dirige-se a Roma, onde prestará relatórios verbais do que observou entre nós, achando-se à frente de importantes responsabilidades referentes ao bem-estar coletivo.

O Mestre saudou e manteve-se em respeitoso silêncio.

Os romanos, que tanto ouviram falar nos prodígios dele, guardavam-no sob o olhar curioso e penetrante.

Alguns minutos passaram pesadíssimos, até que Pompônio exclamou, depois de alijar pequenina folha seca que o vento lhe depusera na túnica:

— É muito diferente dos nossos magos. É grave e triste...

— Sim — acrescentou Acúrcio —, minha feiticeira do Esquilino sente prazer quando lhe dirijo a palavra. Este, porém, não justifica o renome.

— Na Porta d'Óstia — aduziu Agrícola, pedante e sarcástico — temos o nosso adivinho, que me oferece revelações e sinais. É um feiticeiro admirável. Faz-nos predições absolutamente exatas e conhece todos os acontecimentos de nossa casa, embora se mantenha a grande distância. Não faz muito tempo, descobriu o paradeiro das joias de Odúlia, que alguns escravos ladrões haviam depositado nos aquedutos.

Movimentava-se a opinião dura e franca dos romanos dominadores, quando José de Arimateia, desejando uma explicação do Messias, interpelou-o, em tom afável:

— Não tem o Mestre algum sinal para os nossos amigos?

Jesus fixou nos visitantes o olhar muito lúcido e respondeu:

— Já receberam eles o sinal da confiança do Pai, que lhes conferiu, por algum tempo, os cargos que ocupam.

Admirados com a inesperada resposta, os patrícios multiplicaram as perguntas. Queriam demonstrações sobrenaturais, desejavam maravilhas.

O Mestre, porém, depois de ouvi-los com sublime serenidade, ergueu a voz, que eles não ousaram interromper, e falou:

— Romanos, em verdade há feiticeiros que fazem prodígios e magos que distraem os ócios dos homens indiferentes ao destino de sua própria alma. Eu, porém, não vos trago entretenimentos passageiros, e sim a solução de interesses eternos do Espírito que nunca morre. Para diversões e prazeres inúteis, tendes os vossos circos cheios de dançarinos e gladiadores. Se desejais, contudo, a Revelação Viva de que sou portador, examinai primeiramente até onde vos comprometereis com César, a fim de servirdes efetivamente a Deus.

Em seguida, fez longa pausa, que os circunstantes não cortaram, e concluiu:

— Em verdade, porém, vos afirmo que se cumprirdes, desde agora, os deveres referentes aos títulos com que vos apresentais, servindo conscientemente a justiça e atendendo aos interesses do bem público, na compreensão fiel das graves responsabilidades que assumistes, estareis com o Pai, desde hoje, e o Pai estará em vós.

Os presentes entreolharam-se espantados. E quando retomaram a palavra, o Messias Nazareno já se havia despedido de José de Arimateia e atravessava as águas do grande lago, em companhia de Pedro, em busca da outra margem.

(Mensagem extraída do livro *Lázaro redivivo,* cap. 20.)

~ 26 ~
Retirou-se, Ele só

Quando Jesus se fazia acompanhar pela multidão, na manhã rutilante, refletia, amorosamente, consigo mesmo:
— Ensinara as lições básicas do Reino de Deus aos filhos da Galileia, que o seguiam naquele instante divino... Todos permaneciam agora cientes do amor que devia espraiar-se sobre as noções da lei antiga! Que não poderia Ele fazer daqueles homens e mulheres bem informados? Poderia, enfim, alongar-se em maiores considerações, relativas ao caminho de retorno da criatura aos braços do Pai. Dilataria os esclarecimentos do Amor Universal, conduziria a alma do povo para o grande entendimento. Decifraria para os filhos dos homens os enigmas dolorosos que constrangem o coração. Para isso, porém, era indispensável que compreendessem e amassem com o espírito... Quantas pequenas lutas em vão? Quantos atritos desnecessários? A multidão, por vezes, assumia atitudes estranhas e contraditórias. Diante dos prepostos de Tibério, que a visitavam, aplaudia delirantemente; todavia,

quando se afastavam os emissários de César, manchava os lábios com palavras torpes e gastava tempo na semeadura de ódios e divergências sem-fim... Se aparecia algum enviado do Sinédrio, nas cidades que marginavam o lago, louvava o povo a lei antiga e abraçava o mensageiro das autoridades de Jerusalém. Bastava, entretanto, que o visitante voltasse as costas para que a opinião geral ferisse a honorabilidade dos sacerdotes, perdendo-se nos desregramentos verbais de toda espécie... Oh! sim — pensava —, todo o problema do mundo era a necessidade de amor e realização fraternal!

Sorveu o ar puro e contemplou as árvores frondosas, onde as aves do céu situavam seus ninhos. Algo distante, o lago era um espelho imenso e cristalino, refletindo a luz solar. Barcas rudes transportavam pescadores felizes, embriagados de alegria, na manhã clara e suave. E, em derredor das águas deslumbrantemente iluminadas, erguiam-se vozes de mulheres e crianças, que cantavam nas chácaras embalsamadas de inebriante perfume da Natureza. Agradecia ao Pai aquelas bênçãos maravilhosas de luz e vida, e continuava meditando:

— Por que tamanha cegueira espiritual nos seres humanos? Não viam, porventura, a condição paradisíaca do mundo? Por que se furtavam ao concerto de graças da manhã? Como não se uniam todos ao hino da paz e da gratidão que se evolava de todas as coisas? Ah! Toda aquela multidão que o seguia precisava de amor, a fim de que a vida se lhe tornasse mais bela. Ensiná-la-ia a conferir a cada situação o justo valor. Quem era César senão um trabalhador da Providência, sujeito às vicissitudes terrestres, como outro homem qualquer? Não mereceria compreensão fraternal o Imperador dos romanos, responsável por milhões de criaturas? Algemado às obrigações sociais e políticas, atento ao superficialismo das coisas, não era razoável que errasse muito, merecendo, por isso mesmo, mais compaixão? E os chefes do Sinédrio? Não estavam sufocados pelas orgulhosas tradições da raça? Poderiam, acaso, raciocinar sensatamente, se permaneciam fascinados pelo autoritarismo do mundo? Oh! — refletia o Mestre — como seria infeliz o dominador romano, a julgar-se efetivamente rei para sempre, distraído da lição dura da morte! Como seria desventurado o sumo sacerdote, que supunha poder substituir o próprio Deus!... Sim, Jesus ensinaria aos seus seguidores a sublime sabedoria do entendimento fraternal!

Tomado de confiante expectativa, voltou-se o Messias para o povo, dando a entender que esperava as manifestações verbais dos amigos, e a multidão aproximou-se dele, mais intensamente.

Alguns Apóstolos caminhavam à frente dos populares, em animada conversação.

— Rabi — exclamou o patriarca Matan, morador em Cafarnaum —, estamos cansados de suportar injustiças. É tempo de tomarmos o governo, a liberdade e a autonomia. Os romanos são pecadores devassos, em trânsito para o monturo. Estamos fartos! É preciso tomar o poder!

Jesus escutou em silêncio, e, antes que pudesse dizer alguma coisa, Raquel, esposa de Jeconias, reclamou asperamente:

— Rabi, não podemos tolerar os administradores sem consciência. Meu marido e meus filhos são miseravelmente remunerados nos serviços de cada dia. Muitas vezes, não temos o necessário para viver como os outros vivem. Os filhos de Ana, nossa vizinha, adulam os funcionários romanos e, por esse motivo, andam confortados e bem-dispostos!...

— À revolução! à revolução! — clamava Esdras, um judeu de 40 anos presumíveis, que se acercou, desrespeitosamente, como adepto apaixonado, concitando o líder prudente a manifestar-se.

— Rabi — suplicava um ancião de barbas encanecidas —, conheço os prepostos de César e os infames servidores do tetrarca. Se não modificarmos a direção do governo, passaremos fome e privações...

Escutava o Senhor, profundamente condoído. Verificava, com infinita amargura, que ninguém desejava o Reino de Deus de que se constituíra portador.

Durante longas horas, os membros da multidão recriminaram o Imperador romano, atacaram patrícios ilustres que nunca haviam visto de perto, condenaram os sacerdotes do Templo, caluniaram autoridades ausentes, feriram reputações, invadiram assuntos que não lhes pertenciam, acusaram companheiros e criticaram acerbamente as condições da vida e os elementos atmosféricos...

Por fim, quando muito tempo se havia escoado, alguns discípulos vieram anunciar-lhe a fome que castigava homens, mulheres e crianças. André e Filipe comentaram calorosamente a situação. Jesus fitou-os de modo significativo, e respondeu melancólico:

— Pudera! Há muitas horas não fazem outra coisa senão murmurar inutilmente!

Em seguida, espraiou o olhar através das centenas de pessoas que o acompanhavam, e falou comovidamente:

— Tenho para todos o Pão do Céu, mas estão excessivamente preocupados com o estômago para compreender-me.

E, tomado de profunda piedade, ante a multidão ignorante, valeu-se dos pequenos pães de que dispunha, abençoou-os e multiplicou-os, saciando a fome dos populares aflitos.

Enquanto os discípulos recolhiam o sobejo abundante, muitos galileus batiam com a mão direita no ventre e afirmavam:

— Agora, sim! Estamos satisfeitos!

Contemplou-os o Mestre, em silêncio, com angustiada tristeza, e, depois de alguns minutos, entregou o povo aos discípulos e, segundo a narração evangélica, "tornou a retirar-se, Ele só, para o monte".

(Mensagem extraída do livro *Lázaro redivivo,* cap. 35.)

~ 27 ~
O oráculo diferente

— Meu feiticeiro do Velabro — informava Túlia Prisca à mulher de Cusa, em Cafarnaum — é prodigioso. Imagina que venho à Judeia a conselho dele, interessado em minha felicidade. É oráculo dos melhores! Trouxemo-lo da Acaia, na derradeira viagem que meu tio, o procurador Amiano, por lá realizou em missão administrativa. Lê os presságios e sabe, antecipadamente, quem vencerá em qualquer dos jogos no circo. Descobre criminosos e indica, com absoluta precisão, o local a que se acolhem objetos perdidos.

Joana, que a ouvia atenciosa, mostrava singular estranheza na expressão fisionômica.

Após ligeira pausa, continuou a patrícia, piscando os olhos:

— Druso, meu marido, apaixonou-se por Mécia, a esposa de Flácus. O ciúme estrangulava-me o coração. Tentei abrir as veias e morrer, mas Tissafernes, o meu mago, resolveu o problema. Aconselhou-me a viagem de recreio e assegurou-me que outros homens simpatizariam comigo, como vem acontecendo. Deixei os filhinhos com as velhas escravas e a galera solucionou o resto. Tenho gozado bastante e, quando voltar, se Mécia insistir na intromissão, o encantador fabricar-me-á decisivo unguento. Ficará mais feia que as bruxas do Esquilino. Longo intervalo caiu sobre a conversação. Contudo, a ilustre forasteira prosseguiu:

— Joana, talvez não me conheças suficientemente. Devo confessar-te, porém, que gosto de consultar os feiticeiros de qualquer condição. Ouvi falar de um deles, que se torna famoso nesta província. Sei que lhe frequentas a roda. Não poderás conduzir-me ao mago nazareno?

A interpelada fez o possível por esquivar-se. Não lhe cabia perturbar o Mestre com visitas levianas e inúteis. No entanto, a insistência venceu a relutância. E, em breves minutos, Jesus recebia-as na modesta residência de Pedro.

No olhar dele pairava a melancolia sublime de quase sempre. A jovem matrona intimidou-se. Aquele homem não se nivelava aos vulgares ledores de sorte. De sua fronte partiam forças incompreensíveis que lhe impunham respeito. E não soube tratá-lo senão por "Senhor", copiando a reverente atitude da amiga. Não conseguia dissimular o próprio assombro. O Nazareno parecia ignorar-lhe a elevada posição hierárquica. Não se biografava. Não comentava os êxitos que lhe assinalavam a passagem junto do povo. Encarava-a, de frente, sem falsa superioridade e sem servilismo. E como o trabalhador seguro de si, atento ao quadro das próprias obrigações, esperou que a visitante declinasse os motivos que a traziam.

Constrangida pelo inesperado, indagou com desapontamento:

— Senhor, conheceis o mago Tissafernes, que nos serve a casa?

Jesus entreabriu os lábios, num sorriso amoroso, e respondeu:
— Existem adivinhos em toda parte...
Confundida pela observação inteligente, Túlia receou novo mergulho no silêncio e acrescentou:
— Venho até aqui, buscando-vos o concurso...
— Que deseja de mim? — perguntou o Mestre, sem afetação.
— Meu marido desviou-se do meu devotamento. Tenho sofrido amarguras que os servos mais desprezíveis não conhecem. Que dizeis a isto, Senhor?
— Que a dor bem compreendida é uma luz para o coração...
— Oh! Mesmo quando somos ofendidos?
— Sim.
— Não deveremos revidar?
— Nunca.
— E a justiça?
— A justiça é uma árvore estéril se não pode produzir frutos de amor para a vida eterna.
— Desejais dizer que, se meu esposo desvaira, cumpre-me pagar por ele?
— Não tanto. A felicidade é impraticável onde não haja esquecimento das culpas.
— Insinuais que devo perdoar a meu esposo?
— Tantas vezes, quantas forem necessárias.
Túlia, irritada, descontrolou-se e observou:
— Druso é um devasso. Tem sido implacável algoz. Compete-me respeitá-lo e amá-lo, mesmo assim?
— Por que não? — tornou o Mestre. — Quem não sabe renunciar aos próprios desejos, dificilmente receberá o dom divino da alegria impcrecível.

— Cabe-me, então, voltar, reassumir a governança doméstica e retomar a responsabilidade da educação de meus filhos, como o animal que se deixa atrelar ao carro insuportável?
— No sacrifício reside a verdadeira glória — disse Jesus, imperturbável.
— Oh! — reclamou a patrícia desencantada — Tissafernes, o mago de minha confiança, aconselhou-me o recreio, a alegria... Não posso duvidar dele. É um oráculo completo. Tem respostas infalíveis; vê os nossos deuses e ouve-os sempre...
Fixando o Senhor, espantadiça, objetou:
— Admitis, porventura, esteja ele errado?
O Mestre sorriu e respondeu:
— A voz de nossa consciência não pode concordar invariavelmente com a opinião dos melhores amigos. O dever é mais imperioso que os presságios de qualquer adivinho.
— E não tendes novidades para mim? Venho de tão longe e não me agradais? Que mensagem recolherei na visita?
— Rogo ao Pai — disse Jesus, muito sereno — que a ilumine e abençoe.
Nesse instante, Joana apresentou as despedidas.
E lá fora, conturbada talvez pela imensa claridade do Céu casada aos reflexos diamantinos do lago, a nobre romana falou desapontada:
— É... decididamente, este oráculo não é o mesmo...

(Mensagem extraída do livro *Luz acima*, cap. 19.)

~ 28 ~
Os maiores inimigos

Certa feita, Simão Pedro perguntou a Jesus:
— Senhor, como saberei onde vivem nossos maiores inimigos? Quero combatê-los, a fim de trabalhar com eficiência pelo Reino de Deus.

Iam os dois de caminho, entre Cafarnaum e Magdala, ao Sol rutilante de perfumada manhã.

O Mestre ouviu e mergulhou-se em longa meditação.

Insistindo, porém, o discípulo, Ele respondeu benevolamente:

— A experiência tudo revela no momento preciso.

— Oh! — exclamou Simão, impaciente — a experiência demora muitíssimo...

O Amigo Divino esclareceu imperturbável:

— Para os que possuem "olhos de ver" e "ouvidos de ouvir", uma hora, às vezes, basta ao aprendizado de inesquecíveis lições.

Pedro calou-se desencantado.

Antes que pudesse retornar às interrogações, notou que alguém se esgueirava por trás de velhas figueiras, erguidas à margem. O Apóstolo empalideceu e obrigou o Mestre a interromper a marcha, declarando que o desconhecido era um fariseu que procurava assassiná-lo. Com palavras ásperas desafiou o viajante anônimo a afastar-se, ameaçando-o, sob forte irritação. E quando tentava agarrá-lo, à viva força, diamantina risada se fez ouvir. A suposição era injusta. Em vez de um fariseu, foi André, o próprio irmão dele, quem surgiu sorridente, associando-se à pequena caravana.

Jesus endereçou expressivo gesto a Simão e obtemperou:

— Pedro, nunca te esqueças de que o medo é um adversário terrível.

Recomposto o grupo, não haviam avançado muito, quando avistaram um levita que recitava passagens da Torá e lhes dirigiu a palavra, menos respeitoso.

Simão inchou-se de cólera. Reagiu e discutiu, longe das noções de tolerância fraterna, até que o interlocutor fugiu amedrontado.

O Mestre, até então silencioso, fixou no aprendiz os olhos muito lúcidos e inquiriu:

— Pedro, qual é a primeira obrigação do homem que se candidata ao Reino Celeste?

A resposta veio clara e breve:

— Amar a Deus sobre todas as coisas e ao próximo como a si mesmo.

— Terás observado a regra sublime, neste conflito? — continuou o Cristo, serenamente. — Recorda que, antes de tudo, é indispensável nosso auxílio ao que ignora o verdadeiro bem e não olvides que a cólera é um perseguidor cruel.

Mais alguns passos e encontraram Teofrasto, judeu grego dado à venda de perfumes, que informou sobre certo

Zeconias, leproso curado pelo Profeta Nazareno e que fugira para Jerusalém, onde acusava o Messias com falsas alegações. O pescador não se conteve. Gritou que Zeconias era um ingrato, relacionou os benefícios que Jesus lhe prestara e internou-se em longos e amargosos comentários, amaldiçoando-lhe o nome.

Terminando, o Cristo indagou-lhe:

— Pedro, quantas vezes perdoarás a teu irmão?

— Até setenta vezes sete — replicou o Apóstolo, humilde.

O Amigo Celeste contemplou-o calmo, e rematou:

— A dureza é um carrasco da alma.

Não atravessaram grande distância e cruzaram com Rufo Gracus, velho romano semiparalítico, que lhes sorriu, desdenhoso, do alto da liteira sustentada pelos escravos fortes.

Marcando-lhe o gesto sarcástico, Simão falou sem rebuços:

— Desejaria curar aquele pecador impenitente, a fim de dobrar-lhe o coração para Deus.

Jesus, porém, afagou-lhe o ombro e ajuntou:

— Por que instituiríamos a violência no mundo, se o próprio Pai nunca se impôs a ninguém?

E, ante o companheiro desapontado, concluiu:

— A vaidade é um verdugo sutil.

Daí a minutos, para repasto ligeiro, chegavam à hospedaria modesta de Aminadab, um seguidor das ideias novas.

À mesa, um certo Zadias, liberto de Cesareia, se pôs a comentar os acontecimentos políticos da época. Indicou os erros e desmandos da Corte imperial, ao que Simão correspondeu, colaborando na poda verbalística. Dignitários e filósofos, administradores e artistas de além-mar sofreram apontamentos ferinos. Tibério foi invocado com impiedosas recriminações.

Finda a animada palestra, Jesus perguntou ao discípulo se acaso estivera alguma vez em Roma.

O esclarecimento veio depressa:

— Nunca.

O Cristo sorriu e observou:

— Falaste com tamanha desenvoltura sobre o Imperador que me pareceu estar diante de alguém que com ele houvesse privado intimamente.

Em seguida, acrescentou:

— Estejamos convictos de que a maledicência é algoz terrível.

O pescador de Cafarnaum silenciou desconcertado.

O Mestre contemplou a paisagem exterior, fitando a posição do astro do dia, como a consultar o tempo, e, voltando-se para o companheiro invigilante, acentuou bondoso:

— Pedro, há precisamente uma hora procuravas situar o domicílio de nossos maiores adversários. De então para cá, cinco apareceram entre nós: o medo, a cólera, a dureza, a vaidade e a maledicência... Como reconheces, nossos piores inimigos moram em nosso próprio coração.

E, sorrindo, finalizou:

— Dentro de nós mesmos, será travada a guerra maior.

(Mensagem extraída do livro *Luz acima*, cap. 31.)

~ 29 ~
Do aprendizado de Judas

Não obstante amoroso, Judas era, muita vez, estouvado e inquieto. Apaixonara-se pelos ideais do Messias, e, embora esposasse os novos princípios, em muitas ocasiões surpreendia-se em choque contra Ele. Sentia-se dono da Boa-Nova e, pelo desvairado apego a Jesus, quase sempre lhe tomava a dianteira nas deliberações importantes. Foi assim que organizou a primeira bolsa de fundos da comunhão apostólica e, obediente aos mesmos impulsos, julgou servir à grande causa que abraçara, aceitando a perigosa cilada que redundou na prisão do Mestre.

Apesar dos estudos renovadores a que sinceramente se entregara, preso aos conflitos íntimos que lhe caracterizavam o modo de ser, ignorava o processo de conquistar simpatias.

Trazia constantemente nos lábios uma referência amarga, um conceito infeliz.

Quando Levi se reportava a alguns funcionários de Herodes, simpáticos ao Evangelho, dizia mordaz:

— São víboras disfarçadas. Sugam o erário, bajulam sacerdotes e deixam-se pisar pelo romano dominador... A meu parecer, não passam de espiões...

O companheiro ouvia tais afirmativas, com natural desencanto, e os novos colaboradores dele se distanciavam menos entusiasmados.

Generosa amiga de Joana de Cusa ofereceu, certo dia, os recursos precisos para a caminhada do grupo, de Cafarnaum a Jerusalém. Porém, recebendo a importância, o Apóstolo irrefletido alegou ingratamente:

— Guardo a oferta; contudo, não me deixo escarnecer. A doadora pretende comprar o Reino dos Céus, depois de haver gozado todos os prazeres do reino da Terra. Saibam todos que este é um dinheiro impuro, nascido da iniquidade.

Estas palavras, pronunciadas diante da benfeitora, trouxeram-lhe indefinível amargura.

Em Cesareia, heroica mulher de um paralítico, sentindo-se banhada pelos clarões do Evangelho, abriu as portas do reduto doméstico aos desamparados da sorte. Órfãos e doentes buscaram-lhe o acolhimento fraternal. O discípulo atrabiliário, no entanto, não se esquivou à maledicência:

— E o passado dela? — clamou cruelmente. — O marido enfermou desgostoso pelos quadros tristes que foi constrangido a presenciar. Francamente, não lhe aceito a conversão. Certo, desenvolve piedade fictícia para aliciar grandes lucros.

A senhora, duramente atingida pelas descaridosas insinuações, paralisou a benemerência iniciante, com enorme prejuízo para os filhos do infortúnio.

Quando o próprio Messias abençoou Zaqueu e os serviços dele, exclamou Judas, indignado, às ocultas:

— Este publicano pagará mais tarde. Escorcha os semelhantes, rodeia-se de escravos, exerce avareza sórdida e ainda pretende o Reino Divino!... Não irá longe... Enganará o Mestre, não a mim...

Alimentando tais disposições, sofria a desconfiança de muitos. De quando em quando, via-se repelido delicadamente.

Jesus, que em silêncio lhe seguia as atitudes, aconselhava prudência, amor e tolerância. Mal não terminava, porém, as observações carinhosas, chegava Simão Pedro, por exemplo, explicando que Jeroboão, fariseu simpatizante da Boa-Nova, parecia inclinado a ajudar o Evangelho nascente.

— Jeroboão? — advertia Judas, sarcástico. — Aquilo é uma raposa de unhas afiadas. Mero fingimento! Conheço-o há vinte anos. Não sabe senão explorar o próximo e amontoar dinheiro. Houve tempo em que chegou a esbordoar o próprio pai, porque o infeliz lhe desviou meia pipa de vinho!...

A verdade, porém, é que as circunstâncias, pouco a pouco, obrigaram-no a insular-se. Os próprios companheiros andavam arredios. Ninguém lhe aprovava as acusações impulsivas e as lamentações sem propósito. Apenas o Cristo não perdia a paciência. Gastava longas horas encorajando-o e esclarecendo-o afetuosamente...

Numa tarde quente e seca, viajavam ambos, nos arredores de Nazaré, cansados de jornada comprida, quando o filho de Kerioth indagou compungido:

— Senhor, por que motivos sofro tão pesadas humilhações? Noto que os próprios companheiros se afastam, cautelosos, de mim... Não consigo fazer relações duradouras. Há como que forçada separação entre meu espírito e os demais... Sou incompreendido e vergastado pelo destino...

E, levantando os olhos tristes para o Divino Amigo, repetia:

— Por quê?!...

Jesus ia responder, condoído, observando que a voz do discípulo tinha lágrimas que não chegavam a cair, quando se acercaram, subitamente, de poço humilde, onde costumavam aliviar a sede. Judas, que esperava ansioso aquela bênção, inclinou-se impulsivo e, mergulhando as mãos ávidas no líquido cristalino, tocou inadvertidamente o fundo, trazendo largas placas de lodo à tona.

— Oh! oh! que infelicidade! — gritou, em desespero.

O Mestre bondoso sorriu calmamente e falou:

— Neste poço singelo, Judas, tens a lição que desejas. Quando quiseres água pura, retira-a com cuidado e reconhecimento. Não há necessidade de alvoroçar a lama do fundo ou das margens. Quando tiveres sede de ternura e de amor, faze o mesmo com teus amigos. Recebe-lhes a cooperação afetuosa sem cogitar do mal, a fim de que não percas o bem supremo.

Pesado silêncio caiu entre o benfeitor e o tutelado.

O Apóstolo invigilante modificou a expressão do olhar, mas não respondeu.

(Mensagem extraída do livro *Luz acima,* cap. 44.)

~ 30 ~
# O programa do Senhor

À frente da turba faminta, Jesus multiplicou os pães e os peixes, atendendo à necessidade dos circunstantes.
O fenômeno maravilhara.
O povo jazia entre o êxtase e o júbilo intraduzíveis.
Fora quinhoado por um sinal do Céu, maior que os de Moisés e Josué.
Frêmito de admiração e assombro dominava a massa compacta.
Relacionavam-se, ali, pessoas procedentes das regiões mais diversas.
Além dos peregrinos, em grande número, que se adensavam habitualmente em torno do Senhor, buscando consolação e cura, mercadores da Idumeia, negociantes da Síria, soldados romanos e cameleiros do deserto ali se congregavam em multidão, na qual se destacavam as exclamações das mulheres e o choro das criancinhas.

O povo, convenientemente sentado na relva, recebia, com interjeições gratulatórias, o saboroso pão que resultara do milagre sublime.

Água pura em grandes bilhas era servida, após o substancioso repasto, pelas mãos robustas e felizes dos Apóstolos.

E Jesus, após renovar as promessas do Reino de Deus, de semblante melancólico e sereno contemplava os seguidores, da eminência do monte.

Semelhava-se, realmente, a um príncipe, materializado, de súbito, na Terra, pela suavidade que lhe transparecia da fronte excelsa, tocada pelo vento que soprava, de leve...

Expressões de júbilo eram ouvidas, aqui e ali.

Não fornecera Ele provas de inexcedível poder? não era o maior de todos os profetas? não seria o libertador da raça escolhida?

Recolhiam os discípulos a sobra abundante do inesperado banquete, quando Malebel, espadaúdo assessor da Justiça em Jerusalém, acercou-se do Mestre e clamou para a multidão haver encontrado o restaurador de Israel. Esclareceu que conviria receber-lhe as determinações, desde aquela hora inesquecível, e os ouvintes reergueram-se, à pressa, engrossando fileiras ao redor do Messias Nazareno.

Jesus, em silêncio, esperou que alguém lhe endereçasse a palavra e, efetivamente, Malebel não se fez de rogado.

— Senhor — indagou exultante —, és, em verdade, o arauto do novo Reino?

— Sim — respondeu o Cristo, sem titubear.

— Em que alicerces será estabelecida a nova ordem? — prosseguiu o oficial do Sinédrio, dilatando o diálogo.

— Em obrigações de trabalho para todos.

O interlocutor esfregou o sobrecenho com a mão direita, evidentemente inquieto, e continuou:

— Instituir-se-á, porém, uma organização hierárquica?
— Como não? — acentuou o Mestre, sorrindo.
— Qual a função dos melhores?
— Melhorar os piores.
— E a ocupação dos mais inteligentes?
— Instruir os ignorantes.
— Senhor, e os bons? Que farão os homens bons, dentro do novo sistema?
— Ajudarão aos maus, a fim de que estes se façam igualmente bons.
— E o encargo dos ricos?
— Amparar os mais pobres para que também se enriqueçam de recursos e conhecimentos.
— Mestre — tornou Malebel, desapontado —, quem ditará semelhantes normas?
— O amor pelo sacrifício, que florescerá em obras de paz no caminho de todos.
— E quem fiscalizará o funcionamento do novo regime?
— A compreensão da responsabilidade em cada um de nós.
— Senhor, como tudo isto é estranho! — considerou o noviço, alarmado. — Desejarás dizer que o Reino diferente prescindirá de palácios, exércitos, prisões, impostos e castigos?
— Sim — aclarou Jesus, abertamente —, dispensará tudo isso e reclamará o espírito de renúncia, de serviço, de humildade, de paciência, de fraternidade, de sinceridade e, sobretudo, do amor de que somos credores, uns para com os outros, e a nossa vitória permanecerá muito mais na ação incessante do bem com o desprendimento da posse, na esfera de cada um, que nos próprios fundamentos da Justiça, até agora conhecidos no mundo.
Nesse instante, justamente quando os doentes e os aleijados, os pobres e os aflitos desciam da colina tomados de

intenso júbilo, Malebel, o destacado funcionário de Jerusalém, exibindo terrível máscara de sarcasmo na fisionomia dantes respeitosa, voltou as costas ao Senhor, e, acompanhado por algumas centenas de pessoas bem situadas na vida, deu-se pressa em retirar-se, proferindo frases de insulto e zombaria...

O milagre dos pães fora rapidamente esquecido, dando a entender que a memória funciona dificilmente nos estômagos cheios, e, se Jesus não quis perder o contato com a multidão, naquela hora célebre, foi obrigado a descer também.

(Mensagem extraída do livro *Pontos e contos,* cap. 1.)

~ 31 ~
A maior dádiva

Na assembleia luzida do Templo de Jerusalém, os descendentes do povo escolhido exibiam generosidade invulgar à frente da preciosa arca de contribuições públicas. Todos traziam algum tributo de consideração ao Santo dos Santos, cada qual mostrando a liberalidade da fé. Vestes de linho e valiosas peles, enfeites dourados e aromas indefiníveis impunham, ali, deliciosas impressões aos sentidos.

Os fariseus, sobretudo, demonstravam apurado zelo no culto externo, destacando-se pela beleza das túnicas e pelos ricos presentes ao santuário.

Jesus e alguns discípulos, de passagem, acompanhavam as manifestações populares, com justificado interesse. E Judas, entre eles, empolgado pelo volume das oferendas, abeirava-se do cofre aberto, seguindo os menores movimentos dos doadores, com a cobiça flamejante no olhar.

A certa altura, aproximou-se do Messias e informou-o:

— Mestre: Jeroboão, o negociante de tapetes, entregou vinte peças de ouro!...

— Abençoado seja Jeroboão — acentuou Jesus, sereno —, porque conseguiu renunciar a excesso apreciável, evitando talvez pesados desgostos. O dinheiro demasiado, quando não se escora no serviço aos semelhantes, é perigoso tirano da alma.

O discípulo voltou ao posto de observação, com indisfarçável desapontamento, mas, decorridos alguns instantes, reapareceu, notificando:

— Zacarias, o velho perfumista, sentindo-se enfermo e no fim dos seus dias, trouxe cem peças!...

— Bem-aventurado seja ele — disse o Cristo, em tom significativo —, mais vale confiar a fortuna aos movimentos da fé que legá-la a parentes ambiciosos e ingratos... Zacarias prestou incalculável benefício a ele mesmo.

Judas tornou, de moto próprio, à fiscalização para comunicar, logo após, ao grupo galileu:

— A viúva de Cam, o mercador de cavalos que faleceu recentemente, acaba de entregar todo o dinheiro que recebeu dos romanos pela venda de grande partida de animais.

E, baixando o tom de voz, completava, cauteloso, o apontamento:

— Dizem por aí que alguns centuriões planejavam roubar-lhe os bens...

Jesus sorriu e considerou:

— Muitos recursos amontoados sem proveito provocam as sugestões do mal. Feliz dela que soube preservar-se contra os malfeitores.

O aprendiz curioso regressou à posição e retornou loquaz:

— Mestre, Efraim, o levita de Cesareia, entregou duzentas moedas! Duzentas!...

— Bem-aventurado seja Efraim — falou o Amigo Divino, sem afetação —, é grande virtude saber dar o que sobra, em meio de tantos avarentos que se rejubilam à mesa, olvidando os infelizes que não dispõem de uma côdea de pão!...

Nesse instante, penetrou o Templo uma viúva paupérrima, a julgar pela simplicidade com que se apresentava.

Diante do sorriso sarcástico de Judas, o Senhor acompanhou-a, de perto, no que foi seguido pelos demais companheiros.

A mulher humilde orou e apresentou duas moedinhas ao fausto religioso do santuário célebre.

Muitos circunstantes riram-se irônicos, mas Jesus apressou-se a esclarecer:

— Em verdade, esta pobre viúva deu mais que todos os poderosos aqui reunidos, porquanto não vacilou em confiar ao Templo quanto possuía para o sustento próprio.

A observação caridosa e bela congelou a crítica reinante.

Pouco a pouco, o recinto enorme tornou à calma.

Israelitas nobres e sem nome abandonaram, rumorosamente, o domicílio da fé.

Jesus e os Apóstolos foram os derradeiros na retirada.

Quando se dispunham a deixar a enorme sala vazia, eis que uma escrava de rosto avelhentado e passos vacilantes surgiu no limiar para atender à limpeza.

Movimenta-se em minutos rápidos.

Aqui, recolhe flores esmagadas, além, absorve em panos úmidos os detritos deixados por enfermos descuidados.

Tem um sorriso nos lábios e a paciência no olhar, brunindo o piso em silêncio, para que o ar se purificasse na sublime residência da Lei.

Pedro, agora a sós com o Messias, ainda impressionado com as lições recebidas, ousou interrogar:

— Senhor, foi então a viúva pobre a maior doadora no Templo de nosso Pai?

— Realmente — elucidou Jesus, em tom fraterno —, a viúva deu muitíssimo, porque, enquanto os grandes senhores aqui testemunharam a própria vaidade, com inteligência, desfazendo-se de bens que só lhes constituíam embaraço à tranquilidade futura, ela entregou ao Todo-Poderoso aquilo que significava alimento para o próprio corpo...

Em seguida a leve pausa, apontou com o indicador a serva anônima que se incumbia da limpeza sacrificial e concluiu:

— A maior benfeitora para Deus, aqui, no entanto, ainda não é a viúva humilde que se desfez do pão de um momento... É aquela mulher dobrada de trabalho, frágil e macilenta, que está fornecendo à grandeza do Templo o seu próprio suor.

(Mensagem extraída do livro *Pontos e contos,* cap. 8.)

~ 32 ~
# A dissertação inacabada

Depois de certa pregação de Jesus, em Cafarnaum, encontrou o Mestre, em casa de Pedro, quatro cavalheiros de luzente aspecto, a lhe aguardarem a palavra.
Vinham de longe, explicaram atenciosos. Judeus prestigiosos da Fenícia, moravam em Sídon. Já haviam bebido a cultura egípcia e grega, tanto quanto a filosofia dos persas e babilônios. O anúncio da Boa-Nova chegara-lhes aos ouvidos. Desejavam servir nas fileiras do novo Reino, combatendo a licenciosidade dos costumes, na avareza dos ricos e na revolta dos pobres. Aceitavam o Deus único e pretendiam consagrar-lhe a vida.
De quando em quando, os recém-chegados retificavam as dobras das irrepreensíveis túnicas de linho alvo ou acentuavam, de leve, o apuro das sandálias.
O Senhor ouviu-lhes as informações com admirável benevolência.
Cada qual falou, por sua vez, comentando as angústias do problema social na podrosa cidade de que provinham e,

após encarecerem a necessidade de transformações políticas no cenário do mundo, esperaram, curiosos, a palavra do Cristo, que lhes afirmou bondoso:

— Está escrito: "Amarás o Senhor, nosso Deus e nosso Pai, de todo o coração, e não farás dele imagens abomináveis"; Eu, porém, acrescento — fugi igualmente à idolatria de vossos próprios desejos, aniquilai o exclusivismo e não vos entronizeis na mentira, porque estaríeis lesando a Sublime Divindade.

"Recomenda Moisés: 'Não tomarás o nome do Todo-Poderoso em vão'; esclareço-vos, contudo, que ninguém deve menoscabar o nome do próximo na maledicência, na calúnia, no verbo inútil ou desleal.

"Determina o Decálogo: 'Santificarás o dia de sábado'; exorto-vos, entretanto, a não converterdes semelhante artigo em escora da ociosidade sistemática. Respeitando a pausa necessária da Natureza, não a transformeis em hosanas à preguiça dissolvente.

"Manda o texto antigo: 'Venera teu pai e tua mãe nos laços consanguíneos'; todavia, é imperioso reconhecer a necessidade de respeito a todos os homens dignos, onde estiverem, olvidando-se no bem geral as fronteiras de raça, família, cor e religião, compreendendo-se que acima dos limites impostos pelo sangue, na Terra, prevalecem os imperativos sagrados da família universal.

"Reza a lei do passado: 'Não matarás'; Eu, porém, vos digo que não se deve matar em circunstância alguma e que se faz indispensável a vigilância sobre os nossos impulsos de oprimir os seres inferiores da Natureza, porque, um dia, responderemos à Justiça do Criador Supremo pelas vidas que consumimos.

"Pede o venerável testamento: 'Não cometerás adultério'; asseguro-vos, no entanto, que o adultério não atinge somente o corpo de nossas irmãs em humanidade, mas também a carne e a alma de todos os homens que se esqueceram de caminhar retamente.

"Aconselha o grande legislador: 'Não furtarás'; digo-vos, contudo, que não se deve roubar, não somente objetos valiosos e valores em dinheiro, mas também não nos cabe furtar o tempo do Senhor, nem distrair os minutos dos servos aplicados de suas obras.

"Consta na velha aliança: 'Não dirás falso testemunho contra o teu próximo'; declaro-vos, porém, que é imprescindível guardar boa vontade e amor no coração, irradiando-os em pensamento.

"Assinala a Revelação Antiga: 'Não cobiçarás a casa do teu próximo, nem desejarás a sua mulher, nem a sua serva, nem o seu boi, nem o seu jumento'; Eu, porém, vos afianço que nos compete a obrigação de procurar a luz, o bem e a felicidade, trabalhando sem desânimo e servindo a todos sem descanso, inacessíveis à peçonha do ódio, da inveja, do ciúme, do despeito e da discórdia, portadores que são de veneno e treva para o Espírito."

Fez o Mestre pequeno intervalo na preleção, reparando que os visitantes da Fenícia se mantinham pálidos e confundidos.

Nesse ínterim, a sogra de Pedro reclamou-lhe a presença num quarto próximo; e Jesus, rogando ligeira licença, prometeu prosseguir nos ensinamentos novos, por mais alguns instantes; todavia, voltando pressuroso aos ouvintes, debalde procurou os consulentes, movimentando os olhos ternos e lúcidos.

Na sala silenciosa não havia ninguém...

(Mensagem extraída do livro *Pontos e contos,* cap. 33.)

~ 33 ~
O adversário invisível

À frente do Senhor, nos arredores de Sídon, quatro dos discípulos, após viagem longa por diferentes caminhos, a serviço da Boa-Nova, relatavam os sucessos do dia, observados pelo Divino Amigo, em silêncio:

— Eu — dizia Pedro sob impressão forte — fui surpreendido por quadro constrangedor. Impiedoso capataz batia, cruel, sobre o dorso nu de três mães escravas, cujos filhinhos choravam estarrecidos. Um pensamento imperioso de auxílio dominou-me. Quis correr, sem detença, e, em nome da Boa-Nova, socorrer aquelas mulheres desamparadas. Certo, não entraria em luta corporal com o desalmado fiscal de serviço, mas poderia, com a súplica, ajudá-lo a raciocinar. Quantas vezes um simples pedido que nasce do coração aplaca o furor da ira?

O Apóstolo fixou um gesto significativo e acentuou:

— No entanto, tive receio de entrar na questão, que me pareceu intrincada... Que diria o perverso disciplinador?

Minha intromissão poderia criar dificuldades até mesmo para nós...

Silenciando Pedro, falou Tiago, filho de Zebedeu:

— No trilho de vinda para cá, fui interpelado por jovem mulher com uma criança ao colo. Arrastava-se quase, deixando perceber profundo abatimento... Pediu-me socorro em voz pungente e, francamente, muito me condoí da infeliz, que se declarava infortunada viúva dum vinhateiro. Sem dúvida, era dolorosa a posição em que se colocara e, num movimento instintivo de solidariedade, ia oferecer-lhe o braço amigo e fraterno, para que se apoiasse, mas recordei, de súbito, que não longe dali estava uma colônia de trabalho ativo...

O companheiro interrompeu-se, um tanto desapontado, e prosseguiu:

— E se alguém me visse em companhia de semelhante mulher? Poderiam dizer que ensino os princípios da Boa--Nova e, ao mesmo tempo, sou motivo de escândalo. A opinião do mundo é descaridosa...

Outro aprendiz adiantou-se.

Era Bartolomeu, que contou espantadiço:

— Em minha jornada para cá, não me faltou desejo à sementeira do bem. Todavia, que querem? Apenas lobriguei conhecido ladrão. Vi-o a gemer sob duas figueiras farfalhudas, durante longos minutos, no transcurso dos quais me inclinei a prestar-lhe assistência rápida... Pareceu-me ferido no peito, em razão do sangue a porejar-lhe da túnica, mas tive receio de inesperada incursão das autoridades pelo sítio e fugi... Se me pilhassem, ao lado dele, que seria de mim?

Calando-se Bartolomeu, falou Filipe:

— Comigo, os acontecimentos foram diversos... Quase ao chegar a Sídon, fui cercado por uma assembleia de trinta pessoas, rogando conselhos sobre a senda de perfeição. Desejavam ser instruídas quanto às novas ideias do Reino de Deus e dirigiam-se a mim, ansiosamente. Contemplavam-me simples e confiantes; todavia, ponderei as minhas próprias imperfcições e senti escrúpulos... Vendo-me roído de tantos pecados e escabrosos defeitos, julguei mais prudente evitar a crítica dos outros. A ironia é um chicote inconsciente. Por isso, emudeci e aqui estou.

Continuava Jesus silencioso, mas Simão Pedro caminhou para Ele e indagou:

— Mestre, que dizes? Desejamos efetivamente praticar o bem, mas como agir dentro das normas de amor que nos traças, se nos achamos, em toda parte do mundo, rodeados de inimigos?

O Amigo Celeste, porém, considerou breve:

— Pedro, todos os fracassos do dia constituem a resultante da ação de um só adversário que muitos acalentam. Esse adversário invisível é o medo. Tiveste medo da opinião dos outros; Tiago sentiu medo da reprovação alheia; Bartolomeu asilou o medo da perseguição e Filipe guardou o medo da crítica...

Aflito, o pescador de Cafarnaum interrogou:

— Senhor, como nos livraremos de semelhante inimigo?

O Mestre sorriu compassivo e respondeu:

— Quando o tempo e a dor difundirem, entre os homens, a legítima compreensão da vida e o verdadeiro amor ao próximo, ninguém mais temerá.

Em seguida, talvez porque o silêncio pesasse em excesso, afastou-se, sozinho, na direção do mar.

(Mensagem extraída do livro *Pontos e contos,* cap. 36.)

3ª parte
Fatos vivenciados pelo Cristo no final de sua vida na Terra

~ 34 ~
O caminho do Reino

Na tosca residência de Arão, o curtidor, dizia Jesus a Zacarias, dono de extensos vinhedos em Jericó:

— O Reino de Deus será, por fim, a vitória do bem, no domínio dos homens!... O Sol cobrirá o mundo por manto de alegria luminosa, guardando a paz triunfante. Os filhos de todos os povos andarão vinculados uns aos outros, através do apoio mútuo. As guerras terão desaparecido, arredadas da memória, quais pesadelos que o dia relega aos precipícios da noite!... Ninguém se lembrará de exigir o supérfluo e nem se esquecerá de prover os semelhantes do necessário, quando o necessário se lhes faça preciso. A seara de um lavrador produzirá o bastante para o lavrador que não conseguiu as oportunidades da sementeira, e o teto de um irmão erguer-se-á igualmente como refúgio do peregrino sequioso de afeto, sem que a ideia do mal lhes visite a cabeça... A viuvez e a orfandade nunca mais derramarão sequer ligeira lágrima de sofrimento, porquanto a morte nada mais será que antecâmara da união no amor perpétuo que clareia o sem-fim. Os enfermos, por mais aparentemente desvalidos, acharão leito repousante, e as moléstias do corpo deixarão de ser monstros que espreitam a moradia terrestre para significarem simplesmente notícias breves das leis naturais no arcabouço das formas. O trabalho não será motivo de cativeiro, e sim privilégio sagrado da inteligência. A felicidade e o poder não marcarão o lugar dos que retenham ouro e púrpura, mas o coração daqueles que mais se empenham no doce contentamento de entender e servir. O lar não se erigirá em cadinho de provação, porque brilhará incessantemente por ninho de bênçãos, em cujo aconchego palpitarão as almas felizes que se encontram para bendizer a confiança e a ternura sem mácula. O homem sentir-se-á responsável pela tranquilidade comum, nos moldes da reta consciência, transfigurando a ação edificante em norma de cada dia; a mulher será respeitada, na condição de mãe e companheira, a que devemos, originariamente, todas as esperanças e regozijos que desabrocham na Terra, e as crianças serão consideradas por depósitos de Deus!... A dor de alguém será repartida, qual transitória sombra entre todos, tanto quanto o júbilo de alguém se espalhará, na senda de todos, recordando a beleza do clarão estelar... A inveja e o egoísmo não mais subsistirão, visto que ninguém desejará para os outros aquilo que não aguarda em favor de si mesmo! Fontes deslizarão entre jardins, e frutos substanciosos penderão nas estradas, oferecendo-se à fome do viajor, sem pedir-lhe nada mais que uma prece de gratidão à bondade do Pai, uma vez que todas as criaturas alentarão consigo o anseio de construir o Céu na Terra que o Todo-Misericordioso lhes entregou!...

Deteve-se Jesus contemplando a turba que o aplaudia, frenética, minutos depois da sua entrada em Jerusalém para as celebrações da Páscoa, e, notando que os israelitas se diferençavam entre si, a revelarem particularidades das regiões diversas de que procediam, acentuou:

— Quando atingirmos, coletivamente, o Reino dos Céus, ninguém mais nascerá sob qualquer sinal de separação ou discórdia, porque a Humanidade se regerá pelos ideais e interesses de um mundo só!...

Enlevado, Zacarias fitou-o com ansiosa expectação e ponderou com respeito:

— Senhor, vim de Jericó para o culto às tradições de nossos antepassados; todavia, acima de tudo, aspirava a encontrar-te e ouvir-te... Envelheci, arando a gleba e sonhando com a paz!... Tenho vivido nos princípios de Moisés; no entanto, do fundo de minha alma, quero chegar ao Reino de Deus do qual te fazes mensageiro nos tempos novos!... Mestre! Mestre!... Para buscar-te, percorri a trilha de minha estância até aqui, passo a passo... De vila em vila, de casa em casa, um caminho existe, claro, determinado... Qual é, porém, Senhor, o caminho para o Reino de Deus?

— A estrada para o Reino de Deus é uma longa subida... — começou Jesus, explicando.

Eis, contudo, que filas de manifestantes penetraram o recinto, interrompendo-lhe a frase e arrebatando-o à praça fronteiriça, recoberta de flores.

~

Zacarias, em êxtase, demandou o sítio de parentes, no vale de Hinom, demorando-se por dois dias em comentários entusiastas, ao redor das promessas e ensinos do Cristo, mas, de retorno à cidade, não surpreende outro quadro que não seja a multidão desvairada e agressiva... Não mais a glorificação, não mais a festa. Diante do ajuntamento, o Mestre, em pessoa, não mais querido. Aqueles mesmos que o haviam honorificado em cânticos de louvor apupavam-no agora com requintes de injúria.

O velho de Jericó, transido de espanto, viu que o amado Amigo, cambaleante e suarento, arrastava a cruz dos malfeitores... Ansiou abraçá-lo e esgueirou-se dificilmente, suportando empuxões e zombarias do populacho... Rente ao madeiro, notou que um grupo de mulheres chorosas obrigava o Mestre a parada imprevista e, antecedendo-se-lhes à palavra, ajoelhou-se diante dele e clamou:

— Senhor!... Senhor!...

Jesus retirou do lenho a destra ferida, afagou-lhe, por instantes, os cabelos que o tempo alvejara, lembrando o linho quando a estriga descansa junto da roca, e falou humilde:

— Sim, Zacarias, os que quiserem alcançar o Reino de Deus subirão ladeira escabrosa...

Em seguida, denotou a atenção de quem escutava os insultos que lhe eram endereçados... Finda a pausa ligeira, apontou para o amigo, com um gesto, a poeira e o pedregulho que se avantajavam à frente e, como a recordar-lhe a pergunta que deixara sem resposta, afirmou com voz firme:

— Para a conquista do Reino de Deus, este é o caminho...

(Mensagem extraída do livro *Cartas e crônicas,* cap. 5.)

~ 35 ~
Na hora da cruz

Quando o Mestre se afastou do Pretório, suportando o madeiro a que fora sentenciado pelo povo em desvario, pungentes reflexões lhe assomavam ao pensamento.
Que fizera senão o bem? que desejara aos perseguidores senão a bênção da alegria e a visitação da luz?
Quando receberiam os homens o dom da fraternidade e da paz?
Devotara-se aos doentes com carinho, afeiçoara-se aos discípulos com fervor... Entretanto, sentia-se angustiadamente só.
Doíam-lhe os ombros dilacerados.
Por que fora libertado Barrabás, o rebelde, e condenado Ele, que reverenciava a ordem e a disciplina?
Em derredor, judeus irritados ameaçavam-no erguendo os punhos, enquanto legionários semiébrios proferiam maldições.
A saliva dos perversos fustigava-lhe o rosto e, inclinando-o para o solo, a cruz enorme pesava...

"Ó Pai!" — refletia, avançando dificilmente — "que fiz para receber semelhante flagelação?"

Anciãs humildes tentavam confortá-lo, mas, curvado qual se via, nem mesmo lhes divisava os semblantes.

"Por que a cruz?" — continuava meditando, agoniado — "por que lhe cabia tolerar o martírio reservado aos criminosos?"

Lembrou as crianças e as mulheres simples da Galileia, que lhe compreendiam o olhar, recordando, saudoso, o grande lago, onde sentia a presença do Todo-Compassivo, na bondade da Natureza...

Lágrimas quentes borbotaram-lhe dos olhos feridos, lágrimas que suas mãos não conseguiam enxugar.

Turvara-se-lhe a visão e, incapaz de mais seguro equilíbrio sobre o pedregulho do caminho estreito, tropeçou e caiu de joelhos.

Guardas rudes vergastaram-lhe a face com mais violência.

Alguns deles, porém, acreditando-o sob incoercível cansaço, obrigaram Simão, o Cireneu, que voltava do campo, a auxiliá-lo na condução do madeiro.

Constrangido, o lavrador tomou sobre os ombros o terrível instrumento de tortura e só então conseguiu Jesus levantar a cabeça e contemplar a multidão que se adensava em torno.

E observando a turba irada, oh! sublime transformação!... notou que todos os circunstantes estavam algemados a tremendas cruzes, invisíveis ao olhar comum.

O primeiro que pôde analisar particularmente foi Joab, o cambista, velho companheiro de Anás, nos negócios do Templo. Ele se achava atado ao lenho da usura. Vociferava aflito, escancarando a garganta sequiosa de ouro. Não longe, Apolônio, o soldado da coorte, mostrava-se agarrado à enorme cruz da luxúria, repleta de vermes roazes a lhe devorarem o próprio corpo. Caleb, o incensador, berrava frenético, entretanto, apresentava-se jungido ao madeiro do remorso por homicídios ocultos. Amós, o mercador de cabras, arrastava a cruz da enfermidade que o forçava a sustentar-se em vigorosas muletas. José de Arimateia, o amigo generoso, que o seguia discreto, achava-se preso ao frio lenho dos deveres políticos, e Nicodemos, o doutor da Lei, junto dele, vergava mudo, sob o estafante madeiro da vaidade.

Todas as criaturas daquele estranho ajuntamento traziam consigo flagelações diversas.

O Mestre reconhecia-as acabrunhado.

Eram cruzes de ignorância e miséria, de revolta e concupiscência, de aflição e despeito, de inveja e iniquidade.

Tentou concentrar-se em maior exame; contudo, piedosas mulheres em lágrimas acercaram-se dele, de improviso.

— Senhor, que será de nós quando partires? — gritava uma delas.

— Senhor, compadece-te de nossa desventura! — suplicava outra.

— Senhor, nós te lamentamos!...

— Mestre, pobre de ti!

O Cristo fitou-as admirado.

Todas exibiam asfixiantes padecimentos.

Viu que, entre elas, Maria de Cleofas trazia a cruz da maternidade dolorosa, que Maria de Magdala pranteava sob a cruz da tristeza, e que Joana de Cusa, que viera igualmente às celebrações da Páscoa, sofria sob o madeiro do casamento infeliz...

Azorragues lamberam-lhe a cabeça coroada de espinhos.

A multidão começava a mover-se, de novo.

Era preciso caminhar.

Foi então que o Celeste Benfeitor, acariciando a própria cruz que Simão passara a carregar, nela sentiu precioso rebento de esperança, com que o Pai Amoroso lhe agraciava o testemunho, a fim de que as sementes da renovação espiritual felicitassem a Humanidade. E, endereçando compadecido olhar às mulheres que o cercavam, pronunciou as inesquecíveis palavras do Evangelho:

— Filhas de Jerusalém, não choreis por mim!... Chorai, antes, por vós mesmas e por vossos filhos, porque dias virão em que direis: bem-aventurados os ventres que não geraram e os seios que não amamentaram!... Então, clamareis para os montes: Caí sobre nós! — e rogareis aos ou-teiros: Cobri-nos! — Porque se ao madeiro verde fazem isto, que se fará com o lenho seco?

(Mensagem extraída do livro *Cartas e crônicas*, cap. 25.)

~ 36 ~
A última tentação

Dizem que Jesus, na hora extrema, começou a procurar os discípulos, no seio da agitada multidão que lhe cercava o madeiro, em busca de algum olhar amigo em que pudesse reconfortar o espírito atribulado...
Contemplou, em silêncio, a turba enfurecida.
Fustigado pelas vibrações de ódio e crueldade, qual se devera morrer, sedento e em chagas, sob um montão de espinhos, começou a lembrar os afeiçoados e seguidores da véspera...
Onde estariam seus laços amorosos da Galileia?...
Recordou o primeiro contato com os pescadores do lago e chorou.
A saudade amargurava-lhe o coração.
Por que motivo Simão Pedro fora tão frágil? Que fizera Ele, Jesus, para merecer a negação do companheiro a quem mais se confiara?

Que razões teriam levado Judas a esquecê-lo? Como entregara, assim, ao preço de míseras moedas, o coração que o amava tanto?

Onde se refugiara Tiago, em cuja presença tanto se comprazia?

Sentiu profunda saudade de Filipe e Bartolomeu, e desejou escutá-los.

Rememorou suas conversações com Mateus e refletiu quão doce lhe seria poder abraçar o inteligente funcionário de Cafarnaum, de encontro ao peito...

De reminiscência a reminiscência, teve fome da ternura e da confiança das criancinhas galileias que lhe ouviam a palavra, deslumbradas e felizes, mas os meninos simples e humildes que o amavam perdiam-se, agora, a distância...

Recordou Zebedeu e suspirou por acolher-se-lhe à casa singela.

João, o amigo abnegado, achava-se ali mesmo, em terrível desapontamento, mas precisava socorro para sustentar Maria, a angustiada Mãe, ao pé da cruz.

O Mestre desejava alguém que o ajudasse, de perto, em cujo carinho conseguisse encontrar um apoio e uma esperança...

Foi quando viu levantar-se, dentre a multidão desvairada e cega, alguém que ele, de pronto, reconheceu. Era o mesmo Espírito perverso que o tentara no deserto, no pináculo do templo e no cimo do monte.

O Gênio da Sombra, de rosto enigmático, abeirou-se dele e murmurou:

— Amaldiçoa os teus amigos ingratos e dar-te-ei o reino do mundo! Proclama a fraqueza dos teus irmãos de ideal, a fim de que a justiça te reconheça a grandeza angélica e descerás, triunfante, da cruz!... Dize que os teus amigos são covardes e duros, impassíveis e traidores e unir-te-ei aos poderosos da Terra para que domines todas as consciências. Tu sabes que, diante de Deus, eles não passam de míseros desertores...

Jesus escutou, com expressiva mudez, mas o pranto manou-lhe mais intensamente do olhar translúcido.

— Sim — pensava —, Pedro negara-o, mas não por maldade. A fragilidade do Apóstolo podia ser comparada à ternura de uma oliveira nascente que, com os dias, se transforma no tronco robusto e nobre, a desafiar a implacável visita dos anos. Judas entregara-o, mas não por má-fé. Iludira-se com a política farisaica e julgara poder substituí-lo com vantagem nos negócios do povo.

Encontrou, no imo d'alma, a necessária justificação para todos e parecia esforçar-se por dizer o que lhe subia do coração.

Ansioso, o Espírito das Trevas aguardava-lhe a pronúncia, mas o Cordeiro de Deus, fixando os olhos no céu inflamado de luz, rogou em tom inesquecível:

— Perdoa-lhes, Pai! Eles não sabem o que fazem!...

O Príncipe das Sombras retirou-se apressado.

Nesse instante, porém, em vez de deter-se na contemplação de Jerusalém dominada de impiedade e loucura, o Senhor notou que o firmamento rasgara-se, de alto a baixo, e viu que os anjos iam e vinham, tecendo de estrelas e flores o caminho que o conduziria ao Trono Celeste.

Uma paz indefinível e soberana estampara-se-lhe no semblante.

O Mestre vencera a última tentação e seguiria, agora, radiante e vitorioso, para a claridade sublime da ressurreição eterna.

(Mensagem extraída do livro *Contos e apólogos,* cap. 26.)

~ 37 ~
Servir mais

Efraim ben Assef, caudilho de Israel contra o poderio romano, viera a Jerusalém para levantar as forças da resistência, e, informado de que Jesus, o Profeta, fora recebido festivamente na cidade, resolveu procurá-lo, na casa de Obede, o guardador de cabras, a fim de ouvi-lo.

— Mestre — falou o guerreiro —, não te procuro como quem desconhece a Justiça de Deus, que corrige os erros do mundo, todos os dias... Tenho necessidade de instrução para a minha conduta pessoal no auxílio do povo. Como agir, quando o orgulho dos outros se agiganta e nos entrava o caminho?... quando a vaidade ostenta o poder e multiplica as lágrimas de quem chora?

— É preciso ser mais humilde e servir mais — respondeu o Senhor, fixando nele o olhar translúcido.

— Mas... e quando a maldade se ergue, espreitando-nos à porta? que fazer, quando os ímpios nos caluniam à feição de verdugos?

E Jesus:
— É preciso mais amor e servir mais.
— Senhor, e a palavra feroz? Que medidas tomar para coibi-la? como proceder, quando a boca do ofensor cospe fogo de violência, qual nuvem de tempestade, arremessando raios de morte?
— É preciso mais brandura e servir mais.
— E diante dos golpes? Há criaturas que se esmeram na crueldade, ferindo-nos até o sangue... De que modo conduzir nosso passo à frente dos que nos perseguem sem motivo e odeiam sem razão?
— É preciso mais paciência e servir mais.
— E a pilhagem, Senhor? Que diretrizes buscar perante aqueles que furtam desapiedados e poderosos, assegurando a própria impunidade à custa do ouro que ajuntam sobre o pranto dos semelhantes?
— É preciso mais renúncia e servir mais.
— E os assassinos? que comportamento adotar junto daqueles que incendeiam campos e lares, exterminando mulheres e crianças?
— É preciso mais perdão e servir mais.
Exasperado por não encontrar alicerces ao revide político que aspirava a empreender em mais larga escala, indagou Efraim:
— Mestre, que pretendes dizer por "servir mais"?
Jesus afagou uma das crianças que o procuravam e replicou, sem afetação:
— Convencidos de que a Justiça de Deus está regendo a vida, a nossa obrigação, no mundo íntimo, é viver retamente na prática do bem, com a certeza de que a Lei cuidará de todos. Não temos, desse modo, outro caminho mais alto senão servir ao bem dos semelhantes, sempre mais...

O chefe israelita, manifestando imenso desprezo, abandonou a pequena sala, sem despedir-se.

Decorridos dois dias, quando os esbirros do Sinédrio chegaram, em companhia de Judas, para deter o Messias, Efraim ben Assef estava à frente. E, sorrindo, ao algemar-lhe o pulso, qual se prendesse temível salteador, perguntou sarcástico:

— Não reages, galileu?

Mas o Cristo pousou nele, de novo, o olhar tranquilo e disse apenas:

— É preciso compreender e servir mais.

(Mensagem extraída do livro *Contos desta e doutra vida,* cap. 7.)

~ 38 ~
O anjo solitário

Enquanto o Mestre agonizava na cruz, rasgou-se o céu em Jerusalém e entidades angélicas, em grupos extensos, desceram sobre o Calvário doloroso...
Na poeira escura do chão, a maldade e a ignorância expeliam trevas demasiadamente compactas para que alguém pudesse divisar as manifestações sublimes. Fios de claridade indefinível passaram a ligar o madeiro ao firmamento, embora a tempestade se anunciasse a distância...
O Cristo, de alma sedenta e opressa, contemplava a celeste paisagem, aureolado pela glória que lhe bafejava a fronte de herói, e os emissários do paraíso chegavam, em bandos, a entoarem cânticos de amor e reconhecimento que os tímpanos humanos jamais poderiam perceber.
Os anjos da ternura rodearam-lhe o peito ferido, como a lhe insuflarem energias novas.
Os portadores da consolação ungiram-lhe os pés sangrentos com suave bálsamo.

Os embaixadores da harmonia, sobraçando instrumentos delicados, formaram coroa viva, ao redor de sua atribulada cabeça, desferindo comovedoras melodias a se espalharem por bênçãos de perdão sobre a turba amotinada. Os emissários da beleza teceram guirlandas de rosas e lírios sutis, adornando a cruz ingrata.

Os distribuidores da justiça, depois de lhe oscularem as mãos quase hirtas, iniciaram a catalogação dos culpados para chamá-los a esclarecimento e reajuste em tempo devido.

Os doadores de carinho, em assembleia encantadora, postaram-se à frente dele e acariciavam-lhe os cabelos empastados de sangue.

Os enviados da Luz acenderam focos brilhantes nas chagas doloridas, fazendo-lhe olvidar o sofrimento.

Trabalhavam os mensageiros do Céu, em torno do sublime Condutor dos homens, aliviando-o e exaltando-o, como a lhe prepararem o banquete da ressurreição, quando um anjo aureolado de intraduzível esplendor apareceu, solitário, descendo do império magnificente da Altura.

Não trazia seguidores e, se abeirando do Senhor, beijou-lhe os pés, entre respeitoso e enternecido. Não se deteve na ociosa contemplação da tarefa que, naturalmente, cabia aos companheiros, mas procurou os olhos de Jesus, dentro de uma ansiedade que não se observara em nenhum dos outros.

Dir-se-ia que o novo representante do Pai Compassivo desejava conhecer a vontade do Mestre, antes de tudo. E, em êxtase, elevou-se do solo em que pousara, aos braços do madeiro afrontoso. Enlaçou o busto do Inesquecível Supliciado, com inexcedível carinho, e colou, por um instante, o ouvido atento em seus lábios que balbuciavam de leve.

Jesus pronunciou algo que os demais não escutaram distintamente.

O mensageiro solitário desprendeu-se, então, do lenho duro, revelando olhos serenos e úmidos e, de imediato, desceu do monte ensolarado para as sombras que começavam a invadir Jerusalém, procurando Judas, a fim de socorrê-lo e ampará-lo.

Se os homens lhe não viram a expressão de grandeza e misericórdia, os querubins em serviço também lhe não notaram a ausência. Mas suspenso no martírio, Jesus contemplava-o confiante, acompanhando-lhe a excelsa missão, em silêncio.

Esse, era o anjo divino da caridade.

(Mensagem extraída do livro *Estante da vida,* cap. 34.)

~ 39 ~
A escrava do Senhor

Quando João, o discípulo amado, veio ter com Maria, anunciando-lhe a detenção do Mestre, o coração materno, consternado, recolheu-se ao santuário da prece e rogou ao Senhor Supremo poupasse o filho querido. Não era Jesus o Embaixador Divino? Não recebera a notificação dos anjos quanto à sua condição celeste?... Seu filho amado nascera para a salvação dos oprimidos... Ilustraria o nome de Israel, seria o rei diferente, cheio de amoroso poder. Curava leprosos, levantava paralíticos sem esperança. A ressurreição de Lázaro, já sepultado, não bastaria para elevá-lo ao cume da glorificação?

E Maria confiou ao Deus de Misericórdia suas preocupações e súplicas, esperando-lhe a providência; entretanto, João voltou em horas breves, para dizer-lhe que o Messias fora encarcerado.

A Mãe Santíssima regressou à oração em silêncio. Em pranto, implorou o favor do Pai Celestial. Confiaria nele.

Desejava enfrentar a situação, desassombradamente, procurando as autoridades de Jerusalém. Mas humilde e pobre, que conseguiria dos poderosos da Terra? E, acaso, não contava com a proteção do Céu? Certamente, o Deus de Bondade Infinita, que seu filho revelara ao mundo, salvá-lo-ia da prisão, restituí-lo-ia à liberdade.

Maria manteve-se vigilante. Afastando-se da casa modesta a que se recolhera, ganhou a rua e intentou penetrar o cárcere; todavia, não conseguiu comover o coração dos guardas. Noite alta, velava, súplice, entre a angústia e a confiança.

Mais tarde, João voltou, comunicando-lhe as novas dificuldades surgidas. O Mestre fora acusado pelos sacerdotes. Estava sozinho. E Pilatos, o administrador romano, hesitando entre os dispositivos da lei e as exigências do povo, enviara o Mestre à consideração de Herodes.

Maria não pôde conter-se. Segui-lo-ia de perto.

Resoluta, abrigou-se num manto discreto e tornou à via pública, multiplicando as rogativas ao Céu, em sua maternal aflição. Naturalmente, Deus modificaria os acontecimentos, tocando a alma de Antipas. Não duvidaria um instante. Que fizera seu filho para receber afrontas? Não reverenciava a lei? Não espalhava sublimes consolações? Amparada pela convertida de Magdala, alcançou as vizinhanças do palácio do tetrarca. Oh! infinita amargura! Jesus fora vestido com uma túnica de ironia e ostentava, nas mãos, uma cana suja à maneira de cetro e, como se isso não bastasse, fora também coroado de espinhos!... Ela quis aproximar-se a fim de libertar-lhe a fronte sangrenta e arrebatá-lo da situação dolorosa, mas o filho, sereno e resignado, endereçou-lhe o olhar mais significativo de toda a existência. Compreendeu que Ele a induzia à oração e, em silêncio, lhe pedia confiança no Pai. Conteve-se, mas o seguiu em pranto, rogando a intervenção

divina. Impossível que o Pai não se manifestasse. Não era seu filho o escolhido para a salvação? Não era Ele a luz de Israel, o Sublime Revelador? Lembrou-lhe a infância, amparada pelos anjos... Guardava a impressão de que a Estrela Brilhante, que lhe anunciara o nascimento, ainda resplandecia no alto!...
A multidão estacou, de súbito. Interrompera-se a marcha para que o governador romano se pronunciasse em definitivo.
Maria confiava. Quem sabe chegara o instante da ordem de Deus? O supremo Senhor poderia inspirar diretamente o juiz da causa.

Após ansiedades longas, Pôncio Pilatos, num esforço extremo para salvar o acusado, convidou a turba farisaica a escolher entre Jesus, o Divino Benfeitor, e Barrabás, o bandido. O coração materno asilou esperanças mais fortes. O povo ia falar e o povo devia muitas bênçãos ao seu filho querido. Como equiparar o Mensageiro do Pai ao malfeitor cruel que todos conheciam? A multidão, porém, manifestou-se, pedindo a liberdade para Barrabás e a crucificação para Jesus. Oh! — pensou a mãe atormentada — onde está o Eterno que não me ouve as orações? Onde permanecem os anjos que me falavam em luminosas promessas?

Em copioso pranto, viu seu filho vergado ao peso da cruz. Ele caminhava com dificuldade, corpo trêmulo pelas vergastadas recebidas e, obedecendo ao instinto natural, Maria avançou para oferecer-lhe auxílio. Contiveram-na, todavia, os soldados que rodeavam o Condenado Divino.

Angustiada, recordou-se repentinamente de Abraão. O generoso patriarca, noutro tempo, movido pela voz de Deus, conduzira o filho amado ao sacrifício. Seguira Isaque inocente, dilacerado de dor, atendendo a recomendação de Jeová, mas eis que, no instante derradeiro, o Senhor determinou o contrário, e o pai de Israel regressara ao santuário doméstico em soberano triunfo. Certamente, o Deus compassivo escutava-lhe as súplicas e reservava-lhe júbilo igual. Jesus desceria do Calvário, vitorioso, para o seu amor, continuando no apostolado da redenção; no entanto, dolorosamente surpreendida, viu-o içado no madeiro, entre ladrões. Oh! a terrível angústia daquela hora!... Por que não a ouvira o Poderoso Pai? Que fizera para não lhe merecer a bênção? Desalentada, ferida, ouvia a voz do filho, recomendando-a aos cuidados de João, o companheiro fiel. Registrou-lhe, humilhada, as palavras derradeiras. Mas quando a sublime cabeça pendeu inerte, Maria recordou a visita do anjo, antes do Natal divino. Em retrospecto maravilhoso, escutou-lhe a saudação celestial. Misteriosa força assenhoreava-se-lhe do espírito.

Sim... Jesus era seu filho, todavia, antes de tudo, era o Mensageiro de Deus. Ela possuía desejos humanos, mas o Supremo Senhor guardava eternos e insondáveis desígnios. O carinho materno poderia sofrer; contudo, a Vontade celeste regozijava-se. Poderia haver lágrimas em seus olhos, mas brilhariam festas de vitória no Reino de Deus. Suplicara aparentemente em vão, porquanto, certo, o Todo-Poderoso atendera-lhe os rogos, não segundo os seus anseios de mãe, e sim de acordo com os seus Planos Divinos!...

Foi então que Maria, compreendendo a perfeição, a misericórdia e justiça da vontade do Pai, ajoelhou-se aos pés da cruz e, contemplando o filho morto, repetiu as inesquecíveis afirmações:

— Senhor, eis aqui a tua serva! Cumpra-se em mim, segundo a tua palavra!

(Mensagem extraída do livro *Lázaro redivivo*, cap. 2.)

~ 40 ~
# Lição em Jerusalém

Muito significativa a entrada gloriosa de Jesus em Jerusalém, de que o texto evangélico nos fornece a informação. A cidade conhecia-o, desde a sua primeira visita ao Templo, e muita gente, quando de sua passagem por ali, acorria pressurosa, a fim de lhe ouvir as pregações. O povo judeu suspirava por alguém, com bastante autoridade, que o libertasse dos opressores. Não seria tempo da redenção de Israel? A raça escolhida experimentava severas humilhações. O romano orgulhoso apertava a Palestina nos braços tirânicos. Por isso, Jesus simbolizava a renovação, a promessa. Quem operara prodígios iguais aos dele? Profeta algum atingira aquelas culminâncias. A ressurreição de Lázaro, enfaixado no túmulo, com sinais evidentes de decomposição cadavérica, espantava os mais ilustres descendentes de Abraão. Nem Moisés, o legislador inesquecível, conseguira realização daquela natureza. E o povo, naqueles dias de festa tradicional, se dispôs a homenageá-lo, em regra. Receberia o profeta com demonstrações diferentes. Mostraria aos prepostos de César que Jerusalém não renunciava aos propósitos de libertação, ciosa de sua autonomia, e, agora, mais que nunca, possuía um chefe político à altura dos acontecimentos. Jesus, certamente, não atenderia às imposições dos sacerdotes e nem se submeteria ao suborno, ante as promessas douradas dos áulicos imperiais.

Em vista disso, quando o Mestre saiu de Betânia, a caminho da cidade, alinharam-se fileiras de populares, saudando-o festivamente.

Anciães de barbas encanecidas acompanhavam o coro dos jovens: "Hosanas ao Filho de Davi!" As mulheres gritavam entusiasticamente, amparando criancinhas a sustentarem, com graça, verdes ramos de palmeira.

Os discípulos, ladeando o Mestre, sentiam o efêmero júbilo provocado pelo mentiroso incenso da multidão. Os fiéis galileus, guindados inesperadamente ao cume da popularidade, inclinavam-se com desvanecimento, embriagados pelo triunfo.

De espaço a espaço, esse ou aquele patriarca fazia sinais a Pedro, Filipe ou João, convidando-os a se pronunciarem discretamente:

— Quando se manifestará o Messias?

Os interpelados assumiam atitude de orgulhosa prudência e respondiam, quase sempre, a mesma coisa:

— Estamos certos de que a homenagem de hoje é decisiva e o Messias dar-nos-á a conhecer o plano das nossas reivindicações.

Jesus agradecia aos manifestantes de Jerusalém com o olhar, mostrando, porém, melancólicos sorrisos.

Demonstrando compreender a situação, logo após convocou os discípulos para uma reunião mais íntima, em que lhes diria algo de grave. Interpelados por alguns amigos, Tiago e João, filhos de Zebedeu, informaram quanto ao anúncio do Mestre. Discutiria as questões do presente e do futuro, e, possivelmente, seria mais claro nas definições políticas da ação renovadora.

Por esse motivo, enquanto o Cristo e os companheiros tomavam a refeição frugal do cenáculo, verdadeira multidão apinhava-se, discreta, nas adjacências. O povo aguardava informações do colégio apostólico, entre a ansiedade e a esperança.

Finda a reunião, e enquanto Jesus e Simão Pedro se demoraram em confidências, seis discípulos vieram, cautelosos, à via pública. A fisionomia deles denunciava preocupações e desencanto.

Começaram os comentários entre os intelectualistas de Jerusalém e os pescadores da Galileia.

— Que disse o Profeta? — perguntou o patriarca, chefe daquele movimento de curiosidade. — Explicou-se, afinal?

— Sim — esclareceu Filipe com benevolência.

— E a base do programa de nossa restauração política e social?

— Recomendou o Senhor para que o maior seja servo do menor, que todos deveremos amar-nos uns aos outros.

— O sinal do movimento? — indagou o ancião de olhos lúcidos.

— Estará justamente no amor e no sacrifício de cada um de nós — replicou o Apóstolo, humilde.

— Dirigir-se-á imediatamente a César, fundamentando o necessário protesto?

— Disse-nos para confiarmos no Pai e crermos também nele, nosso Mestre e Senhor.

— Não se fará, então, exigência alguma? — perguntou o patriarca, irritado.

— Aconselhou-nos a pedir ao Céu o que for necessário e afirmou que seremos atendidos em seu nome — explicou Filipe, sem se perturbar.

Entreolharam-se admirados, os circunstantes.

— E a nossa posição? — resmungou o velho. — Não somos o povo escolhido da Terra?

Muito calmo, o Apóstolo esclareceu:

— Disse o Mestre que não somos do mundo e por isso o mundo nos aborrecerá, até que o Seu Reino seja estabelecido.

Espocaram as primeiras gargalhadas.

— Mas o Profeta — continuou o israelita exigente — não assinou algum documento, nem se referiu a qualquer compromisso com as autoridades?

— Não — respondeu Filipe, sincero e ingênuo —, apenas lavou os pés dos companheiros.

Oh! para os filhos vaidosos de Jerusalém era demais. Surgiram risos e protestos.

— Não te disse, Jafet? — falou um antigo fariseu ao patriarca. — Tudo isso é uma farsa.

Um moço pedante afiançou, depois de detestável risada:

— Muito boa esta aventura dos pescadores!

Dentro de alguns minutos, via-se a rua deserta.

Desde essa hora, compreendendo que Jesus cumpria, acima de tudo, a vontade de Deus, longe de qualquer disputa com os homens, a multidão abandonou-o. Os discípulos, reconhecendo também que Ele desprezava todos os cálculos de probabilidade do triunfo político, retraíram-se desapontados. E, desde esse instante, a perseguição do Sinédrio tomou vulto e o Messias, sozinho com a sua dor e com a sua lealdade, experimentou a prisão, o abandono, a injustiça, o açoite, a ironia e a crucificação.

Essa foi uma das últimas lições dele, entre as criaturas, dando-nos a conhecer que é muito fácil cantar hosanas a Deus, mas muito difícil cumprir-lhe a divina vontade, com o sacrifício de nós mesmos.

(Mensagem extraída do livro *Lázaro redivivo,* cap. 17.)

~ 41 ~
O discípulo ambicioso

Quando Judas, obcecado pela ambição, procurou avistar-se com Caifás, no Sinédrio, trazia a cabeça incendiada de sonhos fantásticos. Amava o Mestre — pensava presunçoso —, entretanto, competia-lhe cuidar dos interesses dele. A vaidade absorvia-o. A paixão pelas riquezas transitórias empolgava-lhe o espírito. Despreocupado das necessidades próprias, intentava resolver os problemas do Senhor, perante as forças políticas do tempo. Valer-se-ia da influência prestigiosa dos sacerdotes, movimentaria Jerusalém, tomaria o cetro do povo israelita, em obediência às tradições dos reis e juízes do passado e, logo que fosse consolidado o poder, restituiria a Jesus a direção, a honra, a chefia... O Mestre ensinava a concórdia, a tolerância, a paciência e a esperança, mas como efetuar as reformas necessárias por meio de simples atitudes idealistas?

E o discípulo, em atitude de homem escravizado à ilusão, aguardava Caifás, que não se fez esperar muito tempo.

Na sala enorme, iniciaram discreta conversação.

O Sumo Sacerdote, após abraçá-lo com fingida simpatia, observou, em tom cordial:

— Com que então o Templo tem a felicidade de contar com a sua valiosa colaboração!

— Ah! sim, é verdade — exclamou o leviano aprendiz, sentindo-se envaidecido.

Caifás, consciente da própria importância na administração de Jerusalém, voltou a dizer:

— Precisávamos de alguém, com bastante coragem, para salvar o Messias Nazareno.

— Oh! sim — disse Judas, contente —, compreendo a situação.

— De fato — prosseguiu o chefe do Templo — necessitamos de um rei que nos restaure a liberdade política e, em boa hora, os galileus nos oferecem tal oportunidade. Aliás, tenho muito prazer em tratar com a sua pessoa, homem providencial na realização, que não perde tempo com palavras ociosas. Tentei abordar indiretamente outros homens daqueles que acompanham o Nazareno, porém, todos eles, ao que me pareceu, são esquivos e indecisos. Creia, no entanto — e elevou muito o diapasão de voz, impressionando o interlocutor pela segurança verbal —, creia, porém, que o seu gesto, anuindo aos nossos propósitos, apressará a vitória do Messias, conferindo elevados títulos aos seus companheiros. Terão eles destacada posição de domínio e sentar-se-ão na assembleia mais alta do povo escolhido. É tempo de libertação e, certo, Jesus é o rei que Jeová nos envia.

Judas não cabia em si mesmo, tal o contentamento que lhe tomava o coração. Preocupado, no entanto, com a situação do Profeta, a quem tanto devia, perguntou humilde:

— E o Mestre?

Dissimulou Caifás os sentimentos sinistros que lhe vagavam na alma e respondeu em voz quase doce:

— Compreenderá, certamente, a necessidade das medidas aparentemente rigorosas. O Mestre, por exemplo, segundo o plano estabelecido, será preso, por uma questão de segurança pessoal. Será detido, a fim de que se coloque a salvo de qualquer incidente desagradável, enquanto nos valeremos da grande aglomeração de patriotas na cidade para proclamar a nossa independência. Liquidada a vitória inicial, com a submissão das autoridades romanas, coroaremos o Messias, que ostentará o cetro do poder.

O discípulo exultava. Conhecedor antigo dos efeitos da lisonja nos corações indisciplinados e invigilantes, Caifás continuou:

— O meu prestimoso amigo, até que se resolva a situação em definitivo, chefiará os companheiros e receberá as homenagens que lhe são devidas. Tomará o lugar do Messias, provisoriamente, e ditará ordens, até que Ele próprio, com a garantia desejável, possa assumir o poder.

Satisfeitíssimo, o visitante indagou:

— E que devo fazer inicialmente?

O sacerdote perspicaz respondeu com naturalidade:

— Não temos tempo a perder. Formaremos a documentação necessária.

— Como devo fazer? — perguntou ainda o aprendiz enganado.

— Chamarei as testemunhas — esclareceu o Sumo Sacerdote — e, perante nós, responderá afirmativamente a todas as interrogações que lhe forem dirigidas. Não precisará informar-se quanto a particularidade alguma. Bastará responder "sim" a todas as perguntas formuladas. Posso dispor de sua lealdade?

Judas não hesitou. Estava decidido a seguir as instruções, de modo incondicional.

Mais alguns minutos e organizou-se pequena assembleia, com juízes e testemunhas. Dois escribas perfilaram-se para fixar as declarações. Formada a reunião, o Sumo Sacerdote chamou o denunciante e iniciou o interrogatório:

— É discípulo de Jesus, o Nazareno?

Confiante, Judas respondeu:

— Sim.

— Vem fazer declarações ao Sinédrio, como judeu convicto da santidade da lei?

— Sim.

— Afirma que o Messias Nazareno pretende ser o rei de Israel?

— Sim.

— Assegura que Ele promete a revolução contra o poder de César e a autoridade de Antipas?

— Sim.

— É verdade que Ele odeia os romanos?

— Sim.

— Deseja, de fato, aproveitar a Páscoa, para começar a rebelião?

— Sim.

— Declarará a emancipação política de Israel, imediatamente?

— Sim.

— Promete lutar contra quaisquer obstáculos para derrubar as combinações políticas existentes entre Roma e esta província, no sentido de coroar-se rei?

— Sim.

De posse das declarações comprometedoras, Caifás interrompeu o inquérito, mandou que Judas esperasse na antessala e iniciou providências junto de romanos e judeus, para que Jesus fosse preso, imediatamente, como agitador político e explorador da confiança pública.

Em breves horas, um grupo de soldados postava-se nas vizinhanças do Templo, à espera da ordem final, e Caifás, compensando Judas com algum dinheiro, fez-lhe sentir a necessidade de sua orientação na prisão inicial do Messias, assegurando que, em breve tempo, se cumpriria a redenção de Israel.

O discípulo invigilante foi à frente de todos e encaminhou a triste ocorrência.

∼

E, quando os fatos marcharam noutro rumo, debalde o Iscariote procurou avistar-se com as autoridades, tão pródigas em promessas de poderes fascinantes. Findo o processo de humilhações, encarceramento, martírio e condenação de Jesus, o aprendiz infiel conseguiu encontrar o Sumo Sacerdote e alguns intérpretes da lei antiga, em animada conversação no Sinédrio. Em lágrimas, Judas rogou que fosse interrompida a tragédia angustiosa da cruz, e sentindo, tarde embora, que fora vítima da própria ambição, devolveu as moedas de prata, exclamando, de joelhos:

— Socorrei-me! Cometi um crime, traindo o sangue inocente!... A vaidade perdeu-me, tende compaixão de mim!...

Os interpelados, porém, como velhos representantes da ironia humana, responderam simplesmente:

— Que nos importa? Isso é contigo...

(Mensagem extraída do livro *Lázaro redivivo*, cap. 48.)

4ª parte
Jesus agindo após a sua volta ao mundo espiritual

~ 42 ~
A capa de santo

Certo discípulo, extremamente aplicado ao Infinito Bem, depois de largo tempo ao lado do Divino Mestre recebeu a incumbência de servi-lo entre os homens na Terra.

Desceu da esfera superior em que se demorava e nasceu entre as criaturas para ser um carpinteiro.

Operário digno e leal, muita vez experimentou conflitos amargurosos, mas, fervoroso, apegava-se à proteção dos santos e terminou a primeira missão admiravelmente.

Tornou ao Céu, jubiloso, e recebeu encargos de marinheiro.

Regressou à carne e trabalhou, assíduo, em viagens inúmeras, espalhando benefícios em nome do Senhor. Momentos houve em que a tempestade o defrontou, ameaçadora, mas o aprendiz, nas lides do mar, recorria aos heróis bem-aventurados e entesourou forças para vencer.

Rematou o serviço de maneira louvável e voltou à casa celeste, de onde retornou ao mundo para ser copista.

Exercitou-se, então, pacientemente, nos trabalhos de escrita, gravando luminosos ensinamentos dos sábios; e, quando a aflição ou o enigma lhe visitavam a alma, lembrava-se dos benfeitores consagrados e nunca permaneceu sem o alívio esperado.

Novamente restituído ao domicílio do Alto, sempre louvado pela conduta irrepreensível, desceu aos círculos de luta comum para ser lavrador.

Serviu com inexprimível abnegação à gleba em que renascera e, se as dores lhe buscavam o coração ou o lar, suplicava os bons ofícios dos advogados dos pecadores e jamais ficou desamparado.

Depois de precioso descanso, ressurgiu no campo humano para exercitar-se no domínio das Ciências e das Artes.

Foi aluno de Filosofia e encontrou numerosas tentações contra a fé espontânea que lhe sustentava a alma simples e estudiosa; todavia, em todos os percalços do caminho, implorava a cooperação dos grandes instrutores da perfeição, que haviam conquistado a láurea da santidade, nas mais diversas nações, e atravessou, ileso, as provas difíceis.

Logo após, foi médico e surpreendeu padecimentos que nunca imaginara. Afligiu-se milhares de vezes ante as agruras de muitos destinos lamentáveis; refugiou-se na paciência, pediu o socorro dos protetores da Humanidade e, com o patrocínio deles, venceu, mais uma vez.

Tamanha devoção adquiriu, que não sabia mais trabalhar sem recurso imediato ao concurso dos Espíritos glorificados na própria sublimação.

Para ele, semelhantes benfeitores seriam campeões da graça, privilegiados do Pai Supremo ou súditos favorecidos do Trono Eterno. E, por isso, prosseguiu trabalhando, agarrando-se-lhes à colaboração.

Foi alfaiate, escultor, poeta, músico, escritor, professor, administrador, condutor, legislador e sempre se retirou da Terra com distinção.

Vitorioso em tantos encargos, foi chamado pelo Mestre, que lhe falou conciso:

— Tens vencido em todas as provas que te confiei e, agora, podes escolher a própria tarefa.

O discípulo, embriagado de ventura, considerou sem detença:

— Senhor, tantas graças tenho recebido dos benfeitores divinos, que, doravante, desejaria ser um deles, junto da Humanidade...

— Pretenderias, porventura, ser um Santo? — indagou o Celeste Instrutor, sorrindo.

— Sim... — confirmou o aprendiz, extasiado.

O Senhor, em tom grave, considerou:

— O fruto que alimenta deve estar suficientemente amadurecido... Até hoje, na forma de operário, de artista, de administrador e orientador, tens estado a meu serviço, junto dos homens, mas, na capa de santo, permanecerás a serviço dos homens, junto de mim. Há muita diferença...

Mas o interlocutor insistiu humilde, e o Mestre não lhe negou a concessão.

Renasceu, desse modo, muito esperançoso, e, aos 20 anos de corpo físico, recebeu do Alto o manto resplandecente da santidade.

Manifestaram-se nele dons sublimes.

Adivinhava, curava, esclarecia, consolava.

A inteligência, a intuição e a ternura nele eram diferentes e fascinantes.

E o povo, reconhecendo-lhe a condição, buscou-lhe, em massa, as bênçãos e diretrizes. Bons e maus, justos e injustos, ignorantes e instruídos, jovens e velhos, exigiram-lhe, sem consideração por suas necessidades naturais, a saúde, o tempo, a paz e a vida.

Na categoria de santo, não podia subtrair-se à luta, nem desesperar, e por mais que fosse rodeado de manjares e flores, por parte dos devotos e beneficiários reconhecidos, não podia comer, nem dormir, nem pensar, nem lavar-se. Devia dar, sem reclamação, as próprias forças, à maneira da vela, mantendo a chama por duas pontas.

Não valiam escusas, lágrimas, cansaço, e serviço feito. O povo exigia sempre.

Depois de dois anos de amargosa batalha espiritual, atormentado e desgostoso, dirigiu-se em preces ao Senhor e alegou que a capa de santo era por demais espinhosa e pesava excessivamente.

Reparando-lhe o pranto sincero, o Mestre ouviu-o compadecido, e explicou:

— Olvidaste que, até agora, agiste no comando. Na posição de carpinteiro, modelavas a madeira; lavrador, determinavas o solo; médico, ordenavas aos enfermos; filósofo, arregimentavas ideias; músico, tangias o instrumento; escultor, cinzelavas a pedra; escritor, dispunhas sobre as letras; professor, instruías os menos sábios que tu mesmo; administrador e legislador, interferias nos destinos alheios. Sempre te emprestei autoridade e recurso para os trabalhos de determinação... Para envergares a capa de santo, porém, é necessário aprender a servir... A fim de alcançares esse glorioso fim, serás, de ora em diante, modelado, brunido, aprimorado e educado pela vida.

E enquanto o Mestre sorria complacente e bondoso, o discípulo em pranto, mas reconfortado, esperava novas ordenações para ingressar no precioso curso de obediência.

(Mensagem extraída do livro *Contos e apólogos,* cap. 1.)

~ 43 ~
Louvores recusados

Conta-se no Plano Espiritual que Vicente de Paulo oficiava num templo aristocrático da França, em cerimônia de grande gala, à frente de ricos senhores coloniais, capitães do mar, guerreiros condecorados, políticos ociosos e avarentos sórdidos, quando, a certa altura da solenidade, se verificou à frente do altar inesperado louvor público.

Velho corsário abeirou-se da sagrada mesa eucarística e bradou contrito:

— Senhor, agradeço-te os navios preciosos que colocaste em meu roteiro. Meus negócios estão prósperos, graças a ti, que me designaste boa presa. Não permitas, ó Senhor, que teu servo fiel se perca de miséria. Dar-te-ei valiosos dízimos. Erguerei uma nova Igreja em tua honra e tomo os presentes por testemunhas de meu voto espontâneo.

Outro devoto adiantou-se e falou em voz alta:

— Senhor, minha alma freme de júbilo pela herança que enviaste à minha casa pela morte de meu avô que, em outro tempo, te serviu gloriosamente no campo de batalha. Agora podemos, enfim, descansar sob a tua proteção, olvidando o trabalho e a fadiga.

"Seja louvado o teu nome para sempre".

Um cavalheiro maduro, exibindo o rosto caprichosamente enrugado, agradeceu:

— Mestre Divino, trago-te a minha gratidão ardente pela vitória na demanda provincial. Eu sabia que a tua bondade não me desprezaria. Graças ao teu poder, minhas terras foram dilatadas. Construirei por isso um santuário em tua memória bendita, para comemorar o triunfo que me conferiste por justiça.

Adornada senhora tomou posição e exclamou:

— Divino Salvador, meus campos da colônia distante, com o teu auxílio, estão agora produzindo satisfatoriamente. Agradeço os negros sadios e submissos que me mandaste e, em sinal de minha sincera contrição, cederei à tua Igreja boa parte dos meus rendimentos.

Um homem antigo, de uniforme agaloado, acercou-se do altar e clamou estentórico:

— A ti, Mestre da Infinita Bondade, o meu regozijo pelas gratificações com que fui quinhoado. Os meus latifúndios procedem de tua bênção. É verdade que para preservá-los sustentei a luta e alguns miseráveis foram mortos, mas quem senão Tu mesmo colocaria a força em minhas mãos para a defesa indispensável? Doravante, não precisarei cogitar do futuro... De minha poltrona calma, farei orações fervorosas, fugindo ao imundo intercâmbio com os pecadores. Para retribuir-te, ó Eterno Redentor, farei edificar, no burgo onde a minha fortuna domina, um templo digno de tua invocação, recordando-te os sacrifícios na cruz!

Os agradecimentos continuavam, quando Vicente de Paulo, assombrado, reparou que a imagem do Nazareno adquiria vida e movimento...

Extático, viu-se à frente do próprio Senhor, que desceu do altar florido, em pranto.

O abnegado sacerdote observou que Jesus se afastava a passo rápido; contudo, se sentindo junto dele, cobrou ânimo e perguntou-lhe, igualmente em lágrimas:

— Senhor, por que te afastas de nós?

O Celeste Amigo ergueu para o clérigo a face melancólica e explicou:

— Vicente, sinto-me envergonhado de receber o louvor dos poderosos que desprezam os fracos, dos homens válidos que não trabalham, dos felizes que abandonam os infortunados...

O interlocutor sensível nada mais ouviu. Cérebro em turbilhão, desmaiou, ali mesmo, diante da assembleia intrigada, sendo imediatamente substituído, e, febril, delirou alguns dias, prisioneiro de visões que ninguém entendeu.

Quando se levantou da incompreendida enfermidade, vestiu-se com a túnica da pobreza, trabalhando incessantemente na caridade, até o fim de seus dias.

Os adoradores do templo, entretanto, continuaram agradecendo os troféus de sangue, ouro e mentira, diante do mesmo altar e afirmaram que Vicente de Paulo havia enlouquecido.

(Mensagem extraída do livro *Contos e apólogos,* cap. 13.)

~ 44 ~
A divina visão

    Muitos anos orara certa devota, implorando uma visão do Senhor. Mortificava-se. Aflitivas penitências alquebraram-lhe o corpo e a alma. Exercitava não somente rigorosos jejuns. Confiava-se a difícil adestramento espiritual e entesourara no íntimo preciosas virtudes cristãs. Em verdade, a adoração impelira-a ao afastamento do mundo. Vivia segregada, quase sozinha. Mas a humildade pura lhe constituía cristalina fonte de piedade. A oração convertera-se-lhe na vida em luz acesa. Renunciara às posses humanas. Mal se alimentava. Da janela ampla de seu alto aposento, convertido em genuflexório, fitava a amplidão azul, entre preces e evocações. Muitas vezes notava que largo rumor de vozes vinha de baixo, da via pública. Não se detinha, porém, nas tricas dos homens. Aprazia-lhe cultivar a fé sem mácula, faminta de integração com o Divino Amor.
    Em muitas ocasiões, olhos lavados em lágrimas, inquiria, súplice, ao Alto:

— Mestre, quando virás?

Findo o colóquio sublime, voltava aos afazeres domésticos. Sabia consagrar-se ao bem das pessoas que lhe eram queridas. Carinhosamente distribuía a água e o pão à mesa. Em seguida, entregava-se a edificante leitura de páginas seráficas. Mentalizava o exemplo dos santos e pedia-lhes força para conduzir a própria alma ao divino Amigo.

Milhares de dias alongaram-lhe a expectação.

Rugas enormes marcavam-lhe, agora, o rosto. A cabeleira, dantes basta e negra, começava a encanecer.

De olhos pousados no firmamento, meditava sempre, aguardando a visita celestial.

Certa manhã ensolarada, sopitando a emoção, viu que um ponto luminoso se formara no Espaço, crescendo... crescendo... até que se transformou na excelsa figura do Benfeitor Eterno.

O inesquecível Amado como que lhe vinha ao encontro.

Que preciosa mercê lhe faria o Salvador? Arrebatá-la-ia ao paraíso? Enriquecê-la-ia com o milagre de santas revelações?

Extática, balbuciando comovedora súplica, reparou, no entanto, que o Mestre passou junto dela, como se lhe não percebesse a presença. Entre o desapontamento e a admiração, viu que Jesus parara mais adiante, na intimidade com os pedestres distraídos.

Incontinenti, contendo a custo o coração no peito, desceu até a rua e, deslumbrada, abeirou-se dele e rogou genuflexa:

— Senhor, digna-te receber-me por escrava fiel!... Mostra-me a tua vontade! Manda e obedecerei!...

O Embaixador Divino afagou-lhe os cabelos salpicados de neve e respondeu:

— Ajuda-me aqui e agora!... Passará, dentro em pouco, pobre menino recém-nascido. Não tem pai que o ame na Terra e nem lar que o reconforte. Na aparência, é um rebento infeliz de apagada mulher. Entretanto, é valioso trabalhador do Reino de Deus, cujo futuro nos cabe prevenir. Ajudemo-lo, bem como a tantos outros irmãos necessitados, aos quais devemos amparar com o nosso amor e dedicação.

Logo após, por mais se esforçasse, ela nada mais viu. O Mestre como que se fundira na neblina esvoaçante... De alma renovada, porém, aguardou o momento de servir. E, quando infortunada mãe apareceu, sobraçando um anjinho enfermo, a serva do Cristo socorreu-a, de pronto, com alimentação adequada e roupa agasalhante.

Desde então, a devota transformada não mais esperou por Jesus, imóvel e zelosa, na janela do seu alto aposento. Depois de prece curta, descia para o trabalho à multidão desconhecida, na execução de tarefas aparentemente sem importância, fosse para lavar a ferida de um transeunte, para socorrer uma criancinha doente, ou para levar uma palavra de ânimo ou consolo.

E, assim procedendo, radiante, tornou a ver, muitas vezes, o Senhor que lhe sorria reconhecido...

(Mensagem extraída do livro *Contos e apólogos,* cap. 19.)

~ 45 ~
O encontro divino

Quando o cavaleiro D'Arsonval, valoroso senhor em França, se ausentou do medievo domicílio, pela primeira vez, de armadura fulgindo ao Sol, dirigia-se à Itália para solver urgente questão política.

Eminente cristão, trazia consigo um propósito central — servir ao Senhor, fielmente, para encontrá-lo.

Não longe de suas portas, viu surgir, de inesperado, ulceroso mendigo a estender-lhe as mãos descamadas e súplices.

Quem seria semelhante infeliz a vaguear sem rumo?

Preocupava-o serviço importante, em demasia, e, sem se dignar fixá-lo, atirou-lhe a bolsa farta.

O nobre cavaleiro tornou ao lar e, mais tarde, menos afortunado nos negócios, deixou, de novo, a casa.

Demandava a Espanha, em missão de prelados amigos, aos quais se devotava.

No mesmo lugar, postava-se o infortunado pedinte, com os braços em rogativa.

O fidalgo, intrigado, revolveu grande saco de viagem e dele retirou pequeno brilhante, arremessando-o ao triste caminheiro que parecia devorá-lo com o olhar.

Não se passou muito tempo e o castelão, menos feliz no círculo das finanças, necessitou viajar para a Inglaterra, onde pretendia solucionar vários problemas, alusivos à organização doméstica.

No mesmo trato de solo, é surpreendido pelo amargurado leproso, cuja velha petição se ergue no ar.

O cavaleiro arranca do chapéu estimada joia de subido valor e projeta-a sobre o conhecido romeiro, orgu-lhosamente.

Decorridos alguns meses, o patrão feudal se movimenta na direção de porto distante, em busca de precioso empréstimo, destinado à própria economia, ameaçada de colapso fatal, e, no mesmo sítio, com rigorosa precisão, é interpelado pelo mendigo, cujas mãos, em chaga aberta, se voltam ansiosas para ele.

D'Arsonval, extremamente dedicado à caridade, não hesita. Despe fino manto e entrega-o, de longe, receando-lhe o contato.

Depois de um ano, premido por questões de imediato interesse, vai a Paris invocar o socorro de autoridades e, sem qualquer alteração, é defrontado pelo mesmo lázaro, de feição dolorida, que lhe repete a antiga súplica.

O castelão atira-lhe um gorro de alto preço, sem qualquer pausa no galope, em que seguia presto.

Sucedem-se os dias e o nobre senhor, num ato de fé, abandona a respeitada residência, com séquito festivo.

Representará os seus, junto à expedição de Godofredo de Bouillon, na cruzada com que se pretende libertar os lugares santos.

No mesmo ângulo da estrada, era aguardado pelo mendigo, que lhe reitera a solicitação em voz mais triste.

O ilustre viajor dá-lhe, então, rico farnel, sem oferecer-lhe a mínima atenção.

E, na Palestina, D'Arsonval combateu valorosamente, caindo, ferido, em poder dos adversários.

Torturado, combalido e separado de seus compatriotas, por anos a fio, padeceu miséria e vexame, ataques e humilhações, até que, um dia, homem convertido em fantasma, torna ao lar que não o reconhece.

Propalada a falsa notícia de sua morte, a esposa deu-se pressa em substituí-lo, à frente da casa, e seus filhos, revoltados, soltaram cães agressivos que o dilaceraram, cruelmente, sem comiseração para com o pranto que lhe escorria dos olhos semimortos.

Procurando velhas afeições, sofreu repugnância e sarcasmo.

Interpretado, agora, à conta de louco, o ex-fidalgo, em sombrio crepúsculo, ausentou-se, em definitivo, a passos vacilantes...

Seguir para onde? O mundo era pequeno demais para conter-lhe a dor.

Avançava, penosamente, quando encontrou o mendigo.

Relembrou a passada grandeza e atentou para si mesmo, qual se buscasse alguma coisa para dar.

Contemplou o infeliz pela primeira vez e, cruzando com ele o olhar angustiado, sentiu que aquele homem, chagado e sozinho, devia ser seu irmão. Abriu os braços e caminhou para ele, tocado de simpatia, como se quisesse dar-lhe o calor do próprio sangue. Foi, então, que, recolhido no regaço do companheiro que considerava leproso, dele ouviu as sublimes palavras:

— D'Arsonval, vem a mim! Eu sou Jesus, teu amigo. Quem me procura no serviço ao próximo, mais cedo me encontra... Enquanto me buscavas a distância, Eu te aguardava, aqui tão perto! Agradeço o ouro, as joias, o manto, o agasalho e o pão que me deste, mas há muitos anos te estendia os meus braços, esperando o teu próprio coração!...

O antigo cavaleiro nada mais viu senão vasta senda de luz, entre a Terra e o Céu...

Mas, no outro dia, quando os semeadores regressavam às lides do campo, sob a claridade da aurora, tropeçaram no orvalhado caminho com um cadáver.

D'Arsonval estava morto.

(Mensagem extraída do livro *Contos e apólogos,* cap. 21.)

~ 46 ~
A esmola da compaixão

De portas abertas ao serviço da caridade, a casa dos Apóstolos em Jerusalém vivia repleta, em rumoroso tumulto. Eram doentes desiludidos que vinham rogar esperança, velhinhos sem consolo que suplicavam abrigo. Mulheres de lívido semblante traziam nos braços crianças aleijadas, que o duro guante do sofrimento mutilara ao nascer, e, de quando em quando, grupos de irmãos generosos chegavam da via pública, acompanhando alienados mentais para que ali recolhessem o benefício da prece.

Numa sala pequena, Simão Pedro atendia prestimoso.

Fosse, porém, pelo cansaço físico ou pelas desilusões hauridas ao contato com as hipocrisias do mundo, o antigo pescador acusava irritação e fadiga, a se expressarem nas exclamações de amargura que não mais podia conter.

— Observa aquele homem que vem lá, de braços secos e distendidos? — gritava para Zenon, o companheiro humilde que lhe prestava concurso — aquele é Roboão, o

miserável que espancou a própria mãe, numa noite de embriaguez... Não é justo sofra, agora, as consequências?
E pedia para que o enfermo não lhe ocupasse a atenção.
Logo após, indicando feridenta mulher que se arrastava, buscando-o, exclamou encolerizado:
— Que procuras, infeliz? Gozaste no orgulho e na crueldade, durante longos anos... Muitas vezes, ouvi-te o riso imundo à frente dos escravos agonizantes que espancavas até a morte... Fora daqui! Fora daqui!...
E a desmandar-se nas indisposições de que se via tocado, em seguida bradou para um velho paralítico que lhe implorava socorro:
— Como não te envergonhas de comparecer no pouso do Senhor, quando sempre devoraste o ceitil das viúvas e dos órfãos? Tuas arcas transbordam de maldições e de lágrimas... O pranto das vítimas é grilhão nos teus pés...
E, por muitas horas, fustigou as desventuras alheias, colocando à mostra, com palavras candentes e incisivas, as deficiências e os erros de quantos lhe vinham suplicar reconforto.
Todavia, quando o Sol desaparecera distante e a névoa crepuscular invadira o suave refúgio, modesto viajante penetrou o estreito cenáculo, exibindo nas mãos largas nódoas sanguinolentas.
No compartimento, agora vazio, apenas o velho pescador se dispunha à retirada, suarento e abatido.
O recém-vindo, silencioso, aproximou-se, sutil, e tocou-o docemente.
O conturbado discípulo do Evangelho só assim lhe deu atenção, clamando, porém, impulsivo:
— Quem és tu, que chegas a estas horas, quando o dia de trabalho já terminou?

E porque o desconhecido não respondesse, insistiu com inflexão de censura:

— Avia-te sem demora! Dize depressa a que vens...

Nesse instante, porém, deteve-se a contemplar as rosas de sangue que desabotoavam naquelas mãos belas e finas. Fitou os pés descalços, dos quais transpareciam, ainda vivos, os rubros sinais dos cravos da cruz e, ansioso, encontrou no estranho peregrino o olhar que refletia o fulgor das estrelas...

Perplexo e desfalecente, compreendeu que se achava diante do Mestre, e, ajoelhando-se, em lágrimas, gemeu aflito:

— Senhor! Senhor! Que pretendes de teu servo?

Foi então que Jesus redivivo afagou-lhe a atormentada cabeça e falou em voz triste:

— Pedro, lembra-te de que não fomos chamados para socorrer as almas puras... Venho rogar-te a caridade do silêncio quando não possas auxiliar! Suplico-te para os filhos de minha esperança a esmola da compaixão...

O rude, mas amoroso pescador de Cafarnaum, mergulhou a face nas mãos calosas para enxugar o pranto copioso e sincero, e quando ergueu, de novo, os olhos para abraçar o visitante querido, no aposento isolado somente havia a sombra da noite que avançava de leve.

(Mensagem extraída do livro *Contos e apólogos,* cap. 38.)

~ 47 ~
Eles viverão

Onze anos após a crucificação do Mestre, Tiago, o pregador, filho de Zebedeu, foi violentamente arrebatado por esbirros do Sinédrio, em Jerusalém, a fim de responder a processo infamante.

Arrancado ao pouso simples, depois de ordem sumária, ei-lo posto em algemas, sob o Sol causticante.

Avançando ao pé do grande templo, na mesma praça enorme em que Estêvão achara o extremo sacrifício, imensa multidão entrava-lhe a jornada.

Tiago, brando e mudo, padece escarnecido.

Declaram-no embusteiro, malfeitor e ladrão.

Há quem lhe cuspa no rosto e lhe estraçalhe a veste.

"À morte! à morte!..."

Centenas de vozes gritam inesperada condenação, e Pedro, que de longe o segue estarrecido, fita o irmão desditoso, a entregar-se humilhado.

O antigo pescador e aprendiz de Jesus é atado a grande poste e, ali mesmo, sob a alegação de que Herodes lhe decretara a pena, legionários do povo passam-no pela espada, enquanto a turba estranha lhe apedreja os despojos.
Simão chora, sozinho, ao contemplar-lhe os restos, voltando, logo após, para o seu humilde refúgio.
Depois de algumas horas, veio a noite envolvente acalentar-lhe o pranto.
De rústica janela, o condutor da casa inquire do céu imenso, orando com fervor.
Por que a tempestade? Por que a infâmia soez? O pobre amigo morto era justo e leal...
Incapaz de banir a ideia de vingança, Pedro lembra os algozes em revolta suprema.
Como desejaria ouvir o Mestre agora!... Que diria Jesus do terrível sucesso?!...
Neste instante, levanta os olhos lacrimosos, observa que o Cristo lhe surge, doce, à frente.
É o mesmo companheiro de semblante divino.
Ajoelha-se Pedro e grita-lhe:
— Senhor! Somos todos contados entre os vermes do mundo!... Por que tanta miséria a desfazer-se em lama? Nosso nome é pisado e o nosso sangue verte em homicídio impune... A calúnia feroz espia-nos o passo...
E talvez porque o mísero soluçasse de angústia, o Mestre aproximou-se e disse com carinho, a afagar-lhe os cabelos:
— Esqueceste, Simão? Quem quiser vir a mim carregue a própria cruz...
— Senhor! — retrucou, em lágrimas, o Apóstolo abatido — não renego o madeiro, mas clamo contra os maus... Que fazer de Joreb, o falsário infeliz, que mentiu

sobre nós, de modo a enriquecer-se? Que castigo terá esse inimigo atroz da Verdade Divina?
E Jesus respondeu, sereno, como outrora:
— Jamais amaldiçoes... Joreb vai viver...
— E Amenab, Senhor? que punição a dele, se armou escuro laço, tramando-nos a perda?
— Esqueçamo-lo em prece, porque o pobre Amenab vai viver igualmente...
— E Joachim ben Mad? Não foi ele, talvez, o inspirador do crime? O carrasco sem fé que a todos atraiçoa? Com que horrenda aflição pagará seus delitos?
— Foge de condenar, Joachim vai viver...
— E Amós, o falso Amós, que ganhou por vender-nos?
— Olvidemos Amós, porque Amós vai viver...
— E Herodes, o rei vil, que nos condena à morte, fingindo ignorar que servimos a Deus?
Mas Jesus, sem turvar os olhos generosos, explicou simplesmente:
— Repito-te, outra vez, que quem fere, ante a Lei será também ferido... A quem pratica o mal, chega o horror do remorso... E o remorso voraz possui bastante fel para amargar a vida... Nunca te vingues, Pedro, porque os maus viverão e basta-lhes viver para se alçarem à dor da sentença cruel que lavram contra eles mesmos...
Simão baixou a face banhada de pranto, mas ergueu-a em seguida, para nova indagação...
O Senhor, entretanto, já não mais ali estava. Na laje do chão só havia o silêncio que o luar renascente adornava de luz...

(Mensagem extraída do livro *Contos desta e doutra vida*, cap. 23.)

~ 48 ~
Na vinha do Senhor

Instalado na casa modesta que seria, mais tarde, em Jerusalém, o primeiro santuário dos Apóstolos, Simão Pedro refletia...
Recordava Jesus, em torno de quem havia sempre abençoado trabalho a fazer.
Queria ação, suspirava por tarefas a realizar e, por isso, orava com fervor.
Quando mais ardentes se lhe derramavam as lágrimas, com as quais suplicava do Céu a graça de servir, eis que o Mestre lhe surge à frente, tão compassivo e sereno como nos dias inolvidáveis em que se banhavam juntos na mesma luz das margens do Tiberíades...
— Senhor! — implorou Simão — aspiro a estender-te as bênçãos gloriosas!... Deixei o lago para seguir-te! Disseste que nos farias pescadores de almas!... Quero atividade, Senhor! quero testemunhar a divina missão do teu Evangelho de amor e luz!...

E porque o celeste Visitante estivesse a fitá-lo em silêncio, Pedro acrescentou com a voz encharcada de pranto:
— Quando enviarás teu serviço às nossas mãos?

Entreabriram-se de manso os lábios divinos e o Apóstolo escutou, enquanto Jesus se fez novamente invisível:
— Amanhã... amanhã...

O antigo pescador, mais encorajado, esperou o dia seguinte.

Aguardando o mandato do Eterno Benfeitor, devotou-se à limpeza doméstica, desde o nascer do Sol, enfeitando a sala singela com rosas orvalhadas do amanhecer.

Enlevado em doce expectativa, justamente quando se dispunha à refeição matutina, ensurdecedora algazarra atinge-lhe os ouvidos.

A porta singela, sob murros violentos, deixa passar um homem seminu, de angustiada expressão, enquanto lá fora bramem soldados e populares, sitiando o reduto.

O recém-chegado contempla Simão e roga-lhe socorro.

Tem lágrimas nos olhos e o coração lhe bate descompassado no peito.

O anfitrião reconhece-o.

É Joachaz, o malfeitor.

De longo tempo, vem sendo procurado pelos agentes da ordem.

Exasperado, Pedro responde firme:
— Socorrer-te por quê? Não passas de ladrão contumaz...

E, de ouvidos moucos à rogativa, convoca os varapaus, entregando o infeliz, que, de imediato, foi posto a ferros, a caminho do cárcere.

Satisfeito consigo mesmo, o Apóstolo colocava a esperança na obra que lhe seria concedido fazer, quando, logo após, perfumada liteira lhe entregou à presença triste mulher de faces maceradas a contrastarem com a seda custosa em que buscava luzir.

Pedro identificou-a.

Era Júnia, linda greco-romana que em Jerusalém se fazia estranha flor de prazer.

Estava doente, cansada.

Implorava remédio e roteiro espiritual.

O dono da casa, porém, gritou resoluto:

— Aqui, não! O teu lugar é na praça pública, onde todos te possam lançar em rosto o desprezo e a ironia...

A infortunada criatura afastou-se, enxugando os olhos, e Pedro, contente de si próprio, continuou esperando a missão do dia.

Algo aflito, ao entardecer, notou que alguém batia, insistente, à porta.

Abriu pressuroso, caindo-lhe aos pés o corpo inchado de Jarim, o bêbado sistemático, que, semi-inconsciente, pedia refúgio contra a malta de jovens cruéis que o apedrejavam.

Pedro não vacilou.

— Borracho! Infame! — vociferou revoltado. — Não ofendas o recinto do Mestre com o teu vômito!...

E, quase a pontapés, expulsou-o sem piedade.

Caiu a noite imensa sobre a cidade em extrema secura.

Desapontado, ao repetir as últimas preces, Simão meditava diante de tocha bruxuleante, quando o Mestre querido se destacou da névoa...

— Ah! Senhor! — clamou Pedro, chorando — Aguardei todo o dia, sem que me enviasses a prometida tarefa!...

— Como não? — disse o Mestre, em tom de amargura. — Por três vezes roguei-te hoje cooperação sem que me ouvisses...

E ante a memória do companheiro que recordava e compreendia tardiamente, Jesus continuou:

— De manhã, enviei-te Joachaz, desventurado irmão nosso mergulhado no crime, para que o ajudasses a renovar a própria existência, mas devolveste-o à prisão... Depois do meio-dia, entreguei-te Júnia, pobre irmã dementada e doente, para que a medicasses e esclarecesses, em meu nome; contudo, condenaste-a ao vilipêndio e ao sarcasmo... À noitinha, mandei-te Jarim, desditoso compa-nheiro que o vício ensandece; no entanto, arremeteste contra ele os próprios pés...

— Senhor! — soluçou o Apóstolo — grande é a minha ignorância e eu não sabia... Compadece-te de mim e ajuda-me com a tua orientação!...

Jesus afagou-lhe a cabeça trêmula e falou generoso:

— Pedro, quando quiseres ouvir-me, lembra-te de que o Evangelho tem a minha palavra...

Simão estendeu-lhe os braços, desejando retê-lo junto do coração, mas o Cristo sublime como que se ocultava na sombra, escapando-lhe à afetuosa carícia...

Foi então que o ex-pescador de Cafarnaum, cambaleando, buscou os apontamentos que trazia consigo e, abrindo-os ao acaso, encontrou o versículo 12, do capítulo 9 das anotações de Mateus, em que o Mestre da vida assevera convincente: "Os sãos não precisam de médico, mas sim os doentes".

(Mensagem extraída do livro *Contos desta e doutra vida*, cap. 27.)

~ 49 ~
A campanha da paz

Estabelecidos em Jerusalém, depois do Petencostes, os discípulos de Jesus, sinceramente empenhados à obra do Evangelho, iniciaram as campanhas imprescindíveis às realizações que o Mestre lhes confiara.

Primeiro, o levantamento de moradia que os albergasse.

Entremearam possibilidades, granjearam o apoio de simpatizantes da causa, sacrificaram pequenos luxos, e o teto apareceu simples e acolhedor, onde os necessitados passaram a receber esclarecimento e consolação, em nome do Cristo.

Montada a máquina de trabalho, viram-se defrontados por novo problema. As instalações demandavam expressivos recursos. Convocações à solidariedade se fizeram ativas. Velhos cofres foram abertos, canastras rojaram-se de borco, entornando as derradeiras moedas, e o lar da fraternidade povoou-se de leitos e rouparia, candeias e vasos, tinas enormes e variados apetrechos domésticos.

Os filhos do infortúnio chegaram em bando.

Obsidiados eram trazidos de longe, velhinhos que os descendentes irresponsáveis atiravam à rua engrossavam a estatística dos hóspedes, viúvas acompanhadas por filhinhos chorosos e magricelas aumentavam na instituição, dia a dia, e enfermos sem ninguém arrastavam-se na direção da pousada de amor, quando não eram encaminhados até aí em padiolas, com as marcas da morte a lhes arroxearem o corpo enlanguescido.

Complicaram-se as exigências da manutenção e efetuaram-se coletas entre os amigos. Corações generosos compareceram. Remédios não escassearam e as mesas foram supridas com fartura.

Obrigações dilatadas reclamaram concurso humano.

Os continuadores de Jesus apelaram das tribunas, solicitando braços compassivos que lavassem os doentes e distribuíssem os pratos. Cooperadores engajaram-se gratuitamente e formaram-se os diáconos prestimosos.

Criancinhas começaram a despontar na estância humilde e outra espécie de assistência se impôs rápida. Era necessário amontoar o material delicado em que os recém-nascidos, à maneira de pássaros frágeis, pudessem encontrar o aconchego do ninho. Senhoras abnegadas esposaram compromissos. A legião protetora do berço alcançou prodígios de ternura.

E novas campanhas raiavam imperiosas. Campanhas para o trato da terra, a fim de que as despesas diminuíssem. Campanhas para substituir as peças inutilizadas pelos obsessos, quando em crises de fúria. Campanhas para o auxílio imediato às famílias desprotegidas de companheiros que desencarnaram. Campanhas para mais leite em favor dos pequeninos.

Entretanto, se os apóstolos do Mestre encontravam relativa facilidade para assegurar a manutenção da casa, reconheciam-se atribulados pela desunião, que os ameaçava terrível. Fugiam da verdade. Levi criticava o rigor de Tiago, filho de Alfeu. Tiago não desculpava a tolerância de Levi. Bartolomeu interpretava a benevolência de André como sendo dissipação. André considerava Bartolomeu viciado em sovinice. Se João, muito jovem, fosse visto em prece, na companhia de irmãs caídas em desvalimento diante dos preconceitos, era indicado por instrumento de escândalo. Se Filipe dormia nos arrabaldes, velando agonizantes desfavorecidos de arrimo familiar, regressava sob a zombaria dos próprios irmãos que não lhe penetravam a essência das atitudes.

Com o tempo, grassaram conflitos, despeitos, queixumes, perturbações. Cooperadores insatisfeitos com as próprias tarefas invadiam atribuições alheias, provocando atritos de consequências amargas, junto dos quais se sobrepunham os especialistas do sarcasmo, transfigurando os querelantes em trampolins de acesso à dominação deles mesmos. Partidos e corrilhos, aqui e ali. Cochichos e arrufos nos refeitórios, nas cozinhas enredos e bate-bocas. Discussões azedavam o ambiente dos átrios. Fel na intimidade e desprezo por fora, no público que seguia, de perto, as altercações e as desavenças.

Esmerava-se Pedro no sustento da ordem, mas em vão. Aconselhava serenidade e prudência, sem qualquer resultado encorajador. Por fim, cansado das brigas que lhes desgastavam a obra e a alma, propôs reunirem-se em oração, em benefício da paz. E o grupo passou a congregar-se uma vez por semana, com semelhante finalidade. Apesar disso, porém, as contendas prosseguiam acesas. Ironias, ataques, remoques, injúrias...

Transcorridos seis meses sobre a prece em conjunto, uma noite de angústia apareceu, em que Simão implorou, mais intensamente comovido, a inspiração do Senhor. Os irmãos, sensibilizados, viram-no engasgado de pranto. O companheiro fiel, rude por vezes, mas profundamente afetuoso, mendigou o auxílio da Divina Misericórdia, reconhecia a edificação do Evangelho comprometida pelas rixas constantes, esmolava assistência, exorava proteção...

Quando o ex-pescador parou de falar, enxugando o rosto molhado de lágrimas, alguém surgiu ali, diante deles, como se a parede, à frente, se abrisse por dispositivos ocultos, para dar passagem a um homem.

À luz mortiça que bruxuleava no velador, Jesus, como no passado, estava ali, rente a eles... Era Ele, sim, o Mestre!... Mostrando o olhar lúcido e penetrante, os cabelos desnastrados à nazarena e melancolia indefinível na face calma, ergueu as mãos num gesto de bênção!...

Pedro gemeu, indiferente aos amigos que o assombro empolgava:

— Senhor, compadece-te de nós, os aprendizes atormentados!... Que fazer, Mestre, para garantir a segurança de tua obra? Perdoa-me se tenho o coração fatigado e desditoso!...

— Simão — respondeu Jesus, sem se alterar —, não me esqueci de rogar para que nos amássemos uns aos outros...

— Senhor — tornou Cefas —, temos realizado todo o bem que nos é possível, segundo o amor que nos ensinaste. Nossas campanhas não descansam... Temos amparado, em teu nome, os aleijados e os infelizes, as viúvas e os órfãos...

— Sim, Pedro, todas essas campanhas são aquelas que não podem esmorecer, para que o bem se espalhe por fruto do Céu na Terra; no entanto, urge saibamos atender à campanha da paz em si mesma...

— Senhor, esclarece-nos por piedade!... Que campanha será essa?!...

Jesus, divinamente materializado, espraiou o olhar percuciente na diminuta assembleia e ponderou triste:

— O equilíbrio nasce da união fraternal, e a união fraternal não aparece fora do respeito que devemos uns aos outros... Ninguém colhe aquilo que não semeia... Conseguiremos a seara do serviço, conjugando os braços na ação que nos compete; conquistaremos a diligência, aplicando os olhos no dever a cumprir; obteremos a vigilância, empregando criteriosamente os ouvidos; entretanto, para que a harmonia permaneça entre nós, é forçoso pensar e falar a respeito do próximo, como desejamos que o próximo pense e fale sobre nós mesmos...

E, ante o silêncio que pesava profundo, o Mestre rematou:

— Irmãos, por amor aos fracos e aos aflitos, aos deserdados e aos tristes da Terra, que esperam por nós a luz do Reino de Deus, façamos a campanha da paz, começando pela caridade da língua.

(Mensagem extraída do livro *Contos desta e doutra vida*, cap. 31.)

~ 50 ~
Sublime renovação

Conta-se que Tiago, filho de Alfeu, o discípulo de Jesus extremamente ligado à Lei antiga, alguns meses depois da crucificação tomou-se de profunda saudade do Redentor e, suspirando por receber-lhe a visita divina, afastou-se dos companheiros de apostolado, demandando deleitoso retiro, nas adjacências de Nazaré.

Ele, que pretendia conciliar os princípios do Cristo com os ensinamentos de Moisés, não tolerava os distúrbios da multidão.

Não seria mais justo — pensava — aguardar o Senhor na quietude do campo e na bênção da prece?

Por que misturar-se com os gentios irreverentes?

Simão e os demais cooperadores haviam permanecido em Jerusalém, confundindo-se com meretrizes e malfeitores.

Vira-lhes o sacrifício em favor dos leprosos e dos loucos, das mães desditosas e das crianças abandonadas, mas não desconhecia que, entre os sofredores que os cercavam, surgiam oportunistas e ladrões.

Conhecera, de perto, os que iam orar em nome da Boa Nova, com o intuito de roubar e matar. Acompanhara o martírio de muitas jovens da família apostólica miseravelmente traídas por homens de má-fé que lhes sufocavam os sonhos, copiando textos do Evangelho renovador. Observara bocas numerosas glorificando o Santo Nome para, em seguida, extorquirem dinheiro aos necessitados, sem que ninguém lhes punisse a desfaçatez.

Na grande casa em que se propunha continuar a obra do Cristo, entravam alimentos condenados e pipas de vinho com que se intoxicavam doentes, tanto quanto bêbados e vagabundos que fomentavam a balbúrdia e a perturbação.

Desgostoso, queixara-se a Pedro, mas o rijo pescador que lutava na chefia do santuário nascente rogara-lhe serenidade e abnegação.

Poderia, contudo, sustentar excessos de tolerância, quando o Senhor lhes recomendara pureza? Em razão disso, crendo guardar-se isento da corrupção, abandonara a grande cidade e confinara-se em ninho agreste na deliciosa planura que se eleva acima do burgo alegre em que Jesus passou a infância.

Ali, contemplando a paisagem que se desdobra em perspectiva surpreendente, consolava-se com a visão dos lugares santos a lhe recordarem as tradições patriarcais. Diante dele destacavam-se as linhas notáveis do Carmelo, as montanhas do país de Siquém, o monte Gelboé e a figura dominante do Tabor...

Tiago, habituado ao jejum, comprazia-se em prece constante.

Envergando a veste limpa, erguia-se do leito alpestre, cada dia, para meditar as revelações divinas e louvar o celeste Orientador, aguardando-lhe a vinda.

Extasiava-se, ouvindo as aves canoras que lhe secundavam as orações, e acariciava, contente, as flores silvestres que lhe balsamizavam o calmoso refúgio.

Por mais de duzentos dias demorava-se em semelhante adoração, ansiando ouvir o Salvador, quando, em certo crepúsculo doce e longo, reparou que um ponto minúsculo crescia, em pleno céu.

De joelhos, interrompeu a oração e acompanhou a pequenina esfera luminosa, até que a viu transformada na figura de um homem, que avançava em sua direção...

Daí a minutos, mal sopitando a emotividade, reconheceu-se à frente do Mestre.

Oh! era Ele! A mesma túnica simples, os mesmos cabelos fartos a se lhe derramarem nos ombros, o mesmo semblante marcado de amor e melancolia...

Tiago esperou, mas Jesus, como se lhe não assinalasse a presença, caminhou adiante, deixando-o à retaguarda...

O discípulo solitário não suportou semelhante silêncio e, erguendo-se presto, correu até o divino Amigo e interpelou-o:

— Senhor, Senhor! aonde vais?

O Messias voltou-se e respondeu generoso:

— Devo estar ainda hoje em Jerusalém, onde os nossos companheiros necessitam de meu concurso para o trabalho...

— E eu, Mestre? — perguntou o Apóstolo, aflito — acaso não precisarei de ti no carinho que te consagro à memória?

— Tiago — disse Jesus, abençoando-o com o olhar —, o soldado que se retira deliberadamente do combate não precisa do suprimento indispensável à extensão da luta... Deixei aos meus discípulos os infortunados da Terra como herança. O Evangelho é a construção sublime da alegria e do amor... E enquanto houver no mundo um só coração desfalecente, o descanso ser-me-á de todo impraticável...

— Mas, Senhor, disseste que devíamos conservar a elevação e a pureza.

— Sim — tornou o Excelso Amigo —, e não te recrimino por guardá-las. Devo apenas dizer-te que é fácil ser santo, à distância dos pecadores.

— Não nos classificaste também como a luz do mundo?

O Visitante Divino sorriu triste e falou:

— Entretanto, onde estará o mérito da luz que foge da sombra? Nas trevas da crueldade e da calúnia, da mistificação e da ignorância, do sofrimento e do crime, acenderemos a Glória de Deus, na exaltação do bem eterno.

Tiago desejaria continuar a sublime conversação, mas a voz extinguiu-se-lhe na garganta, asfixiada de lágrimas; e como quem tinha pressa de chegar ao destino, Jesus afastou-se, após afagar-lhe o rosto em pranto.

Na mesma noite, porém, o Apóstolo renovado desceu para Nazaré e, durante longas horas, avançou devagar para Jerusalém, parando aqui e ali para essa ou aquela tarefa de caridade e de reconforto. E na ensolarada manhã do sétimo dia da jornada de volta, quando Simão Pedro veio à sala modesta de socorro aos enfermos encontrou Tiago, filho de Alfeu, debruçado sobre velha bacia de barro, lavando um feridento e conversando, bondoso, ao pé dos infelizes.

(Mensagem extraída do livro *Estante da vida,* cap. 35.)

~ 51 ~
Por quê, Senhor?

[...] E Nicodemos, o grande Nicodemos dos dias primeiros do Evangelho, passou a contar-nos:

— Depois da aparição do Senhor aos quinhentos da Galileia, certo dia, ao entardecer, detive-me à beira do lago de suas pregações, rogando a Ele me dissipasse as dúvidas. Ante os ensinamentos divinos, eu experimentava o entrechoque a respeito das ideias de justiça e misericórdia, responsabilidade e perdão... De que maneira conciliar o bem e o mal? como estabelecer a diferença entre o prêmio e o castigo? Atormentado, perante as exigências da Lei de que eu era intérprete, supliquei-lhe a palavra e eis que, de súbito, o Excelso Benfeitor apareceu junto de mim... Prostrei-me na areia e Jesus, aproximando-se, tocou-me, de leve, a cabeça fatigada, e inquiriu:

— Nicodemos, que pretendes de mim?

— Senhor — expliquei —, tenho o pensamento em fogo, tentando discernir sobre retidão e delinquência, bondade e correção... Por que te banqueteaste com pecadores e tanta vez te referiste, quase rudemente, aos fariseus, leais seguidores de Moisés? Acaso, estão certas as pessoas de vida impura, e erradas aquelas outras que se mostram fiéis à Lei?

Jesus respondeu com inflexão de brandura inesquecível:

— Nunca disse que os pecadores estão no caminho justo, mas afirmei que não vim ao mundo socorrer os sãos, e sim os enfermos. Quanto aos princípios de santidade, que dizer dos bons que detestam os maus, dos felizes que desprezam os infelizes, se todos somos filhos de Deus? De que serve o tesouro enterrado ou o livro escondido no deserto?

— Messias — prosseguiu —, por que dispensaste tanta atenção a Zaqueu, o rico, a ponto de lhe comparti-lhares a mesa, sem visitar os lares pobres que lhe circundam a moradia?

— Estive com a multidão, desde as notícias iniciais do novo Reino!... Relativamente a Zaqueu, é ele um rico que desejava instruir-se, e furtar a lição, àqueles amigos a quem o mundo apelida de avaros, é o mesmo que recusar remédio ao doente...

— E as meretrizes, Senhor? Por que as defendeste?

— Nicodemos, na hora do Juízo Divino, muitas dessas mesmas desventuradas mulheres, que censuras, ressurgirão do lodo da angústia, limpas e brilhantes, lavadas pelo pranto e pelo suor que derramaram, enquanto aparecerão pejados de sombra e lama aqueles que lhes prostituíram a existência, depois de lhes abusarem da confiança, lançando-as à condenação e à enfermidade.

— Senhor, ouvi dizer que deste a Pedro o papel de condutor dos teus discípulos... Por quê? Não é ele o colaborador que te negou três vezes?!...

— Exatamente por isso... Na dor do remorso pelas próprias fraquezas, Simão ganhará mais força para ser fiel...

No roteiro de Jesus

Mais que os outros companheiros, ele sabe agora quanto custa o sofrimento da deserção...

— Mestre, e os ladrões do último dia? Por que te deixaste imolar entre dois malfeitores? E por que asseguraste a um deles o ingresso no paraíso, junto de ti?

— Como podes julgar apressadamente a tragédia de criaturas cuja história não conheces desde o princípio? Não acoberto os que praticam o mal; no entanto, é preciso saber até que ponto terá alguém resistido à tentação e ao infortúnio para que se lhe meça o tamanho da falta... Há famintos que se transformam em vítimas do próprio desequilíbrio e há empreiteiros da fome que responderão pela crueldade com que sonegam o pão... Com referência ao amigo a quem prometi a entrada imediata na Vida Superior, é verdade que assim o fiz, mas não disse para quê... Ele realmente foi conduzido ao Mundo Maior para ser reeducado e atendido em suas necessidades de erguimento e transformação!...

— Senhor — insisti —, e a responsabilidade com que nos cabe tratar da justiça? Por que pediste perdão ao Todo-Poderoso para os próprios carrascos, quando dependurado na cruz do martírio, inocentando os que te espancavam?

— Não anulei a responsabilidade em tempo algum... Roguei, algemado à cruz: "Pai, perdoa-lhes porque não sabem o que fazem..." Com isso, não asseverei que os nossos adversários gratuitos estivessem fazendo o que deviam fazer... Esclareci, tão só, que eles não sabiam o que estavam fazendo e, por isso mesmo, se revelavam dignos da maior compaixão!...

— Ante as palavras do Senhor — concluiu o antigo mestre de Israel —, as lágrimas me subiram das entranhas da alma para os olhos... Nada mais vi que não fosse o véu diáfano do pranto, a refletir as sombras que anunciavam a noite... Ainda assim, ouvi, como se o Senhor me falasse longe, muito de longe:

— Misericórdia quero, não sacrifício...

Nesse ponto da narrativa, Nicodemos calou-se. A emoção sufocara a voz do grande instrutor, cuja presença nos honrava a mansão espiritual. E, quanto a nós, velhos julgadores do mundo, que o ouvíramos atentos, entramos todos em meditação e silêncio, uma vez que ninguém apareceu em nossa tertúlia íntima com bastante disposição para acrescentar palavra.

(Mensagem extraída do livro *Estante da vida,* cap. 40.)

~ 52 ~
Depois da ressurreição

Contou-nos um amigo que, logo após a ressurreição do Cristo, houve grande movimentação popular em Jerusalém. O fato corria de boca em boca. Sacerdotes e patriarcas, negociantes e pastores, sapateiros e tecelões discutiam o acontecimento.

Em algumas sinagogas, fizeram-se ouvir inflamados oradores, denunciando a "invasão galileia".

— Imaginem — exclamava um deles da tribuna, diante das tábuas da lei —, imaginem que a mulher mais importante do grupo, a que se encarregou da chamada mensagem de ressurreição, é uma criatura que já foi possuída por sete demônios. Em Magdala, todos a conhecem. Seu nome rasteja no chão. Como aceitar um acontecimento espiritual, por meio de pessoa desse jaez? Os galileus são velhacos e impostores. Naturalmente cansados da pesca, que lhes rende parcos recursos, atiram-se, em Jerusalém, a uma aventura de imprevisíveis consequências. É indispensável reajustar impressões. Moisés, o maior de todos os profetas, o salvador de nosso povo, morreu no monte Nebo, contemplando a terra da promissão sem poder penetrá-la... Por que motivo um filho de carpinteiro, que não foi um doutor da lei, alcançaria semelhante glorificação? Acaso, não foi punido na cruz como vulgar malfeitor? Se os grandes profetas da raça, que se mantêm sepultados em túmulos honrosos, não se fazem ver nos céus, como esperar a divina demonstração de um homem comum, crucificado entre ladrões, na qualidade de embusteiro e mistificador?

A argumentação era sempre ardente e apaixonada.

Na sinagoga em que se congregavam os judeus da Bataneia, outro orador tomava a palavra e criticava acerbamente:

— Onde chegaremos com a ilusão do regresso dos mortos? Estamos seguramente informados de que o caso do Carpinteiro Nazareno não passa dum embuste de mau gosto. Soldados e populares viram os pescadores galileus subtraindo o corpo ao túmulo, depois da meia-noite. Em seguida, como é de presumir-se, mandaram uma certa mulher sem classificação começar a farsa no jardim.

E, cerrando os punhos, bradava:

— Os criminosos, porém, pagarão! Serão perseguidos e exterminados! Sofrerão o suplício dos traidores, no átrio do Templo! Apenas lamentamos que José de Arimateia, ilustre homem do Sinédrio, esteja envolvido no desprezível assunto. Infelizmente, o túmulo execrável situa-se em terreno que lhe pertence. Não fora isso, iniciaríamos, hoje mesmo, a lapidação de todos os culpados. Lutaremos contra a mentira, puniremos os que insultam nossas tradições veneráveis, honraremos a lei de Israel!

E as opiniões chocavam-se, em toda parte, como fogos acesos.

Os discípulos, para receberem as visitas espirituais do Mestre e anotar-lhe as sugestões, reuniam-se, secretamente, a portas fechadas. Por vezes, escutavam as chufas e zombarias que vinham de fora; de outras, percebiam o apedrejamento do telhado, circunstâncias que os obrigaram a continuadas modificações. Não fixavam o ponto de serviço. Ora se encontravam em casa de parentes de Filipe, ora se agrupavam na choupana de uma velha tia de Zebedeu, o pai de João e Tiago. Num meio tão vasto de intrigas e vaidades sem conta, era necessário esconder a alegria de que se sentiam possuídos, cultivando a verdade ao calor da esperança em épocas melhores.

Simão Pedro e os demais voltaram à Galileia, para "vender o campo e seguir o Mestre", como diziam na intimidade. Estavam tocados de fervor santo. A ressurreição enchera-lhes a alma de energias sublimes e até então desconhecidas. Que não fariam pelo Mestre ressuscitado? Iriam ao fim do mundo ensinar a Boa-Nova, venceriam trevas e espinhos, pertenceriam a Ele para sempre. Reorganizaram, pois, as atividades materiais e regressaram a Jerusalém, a fim de darem início à nova missão.

Instalados na cidade, graças à generosa acolhida de alguns amigos que ofereceram a Simão Pedro o edifício destinado ao começo da obra, consolidou-se o movimento de evangelização. Os aprendizes, depois do Pentecostes, haviam criado novo ânimo. Suas reuniões íntimas prosseguiam regulares e as assembleias de caráter público efetuavam-se sem impedimento. As fileiras intermináveis de pobres e infelizes, procedentes dos "vales de imundos", lhes batiam à porta, recebendo carinhosa atenção e esse espírito de serviço aos filhos do desamparo conquistou-lhes, pouco a pouco, valiosos títulos de respeitabilidade, reduzindo-se, de algum modo, o número dos escarnecedores, compelidos então a silenciar, pelo menos até quando as autoridades favorecessem novas perseguições.

Todavia, continuava o problema da ressurreição. Teria voltado o Cristo? Não teria voltado?

Prosseguiam os atritos da opinião pública, quando algumas pessoas respeitáveis lembraram ao Sinédrio que fosse designada uma comissão de três homens versados na lei, para solucionar a questão junto dos discípulos. Efetuariam um interrogatório e exigiriam provas cabais.

Aprazada a ocasião, houve rebuliço geral. Agravaram-se as divergências e surgiram os mais estranhos pareceres. Por isso, no momento determinado, grande massa popular reunia-se à frente da modesta casa, onde os Apóstolos galileus atendiam os sofredores e ensinavam a nova doutrina.

Os três notáveis varões, todos filiados ao farisaísmo intransigente, penetraram a residência humilde, com extrema petulância.

E Simão Pedro, humilde, simples e digno, veio recebê-los.

Efetuado o preâmbulo das apresentações, começou o inquérito verbal, observado por dois escribas do Templo.

Jacó, filho de Berseba, o chefe do trio, começou a interrogar:

— É verdade que Jesus, o Nazareno, ressuscitou?

— É verdade — confirmou Pedro, em voz firme.

— Quem testemunhou?

— Nós, que o vimos várias vezes, depois da morte.

— Podem provar?

— Sim. Com a nossa dignidade pessoal, na afirmação do que presenciamos.

— Isso não basta — falou rudemente Jacó, sob forte irritação. — Exigimos que o ressuscitado nos apareça.

Pedro sorriu e replicou:

— O inferior não pode determinar ao superior. Somos simples subordinados do Mestre, a serviço de sua Infinita Bondade.

— Mas não podem provar o fenômeno da ressurreição?

— A fé, a confiança, a certeza, são predicados intransferíveis da alma — aduziu o Apóstolo, com humildade. — Somos trabalhadores terrestres e estamos longe de atingir o convívio dos anjos.

Entreolharam-se os três fariseus, com expressão de ira, e Jacó exclamou trovejante:

— Que recurso nos sugere, então, miserável pescador?! Como solucionar o problema que provocaram no espírito do povo?

Simão Pedro, dando mostras de grande tolerância evangélica, manteve imperturbável serenidade e respondeu:

— Apenas conheço um recurso: morram os senhores como o Mestre morreu, e vão procurá-lo no outro mundo e ouvir-lhe as explicações. Não sei se possuem bastante dignidade espiritual para merecerem o encontro divino, mas, sem dúvida, é o único meio que posso sugerir.

Calaram-se os notáveis do Sinédrio, sob enorme estupefação.

No silêncio da sala, começaram a ecoar os gemidos dos tuberculosos e loucos mantidos lá dentro. Alguém chamava Pedro, com angústia.

O amoroso pescador fitou sem medo os interlocutores e pediu:

— Deem-me licença. Tenho mais que fazer.

Voltou a comissão sem resultado algum, e a discussão continua há quase vinte séculos...

(Mensagem extraída do livro *Lázaro redivivo*, cap. 28.)

~ 53 ~
# Nas hesitações de Pedro

Logo depois de se estabelecerem os Apóstolos em Jerusalém, em seguida às revelações do Pentecostes, ia o serviço de assistência social maravilhosamente organizado, não obstante as perseguições que se esboçavam, quando a casa acolhedora, dirigida por Simão Pedro, foi procurada por infeliz mulher. Trazia consigo todos os estigmas das pecadoras. Fora lapidada e exibia manchas sanguinolentas na roupa em frangalhos. Pronunciava palavras torpes. Revelava-se semilouca e doente.

As senhoras do reduto cristão retraíram-se alarmadas. E o próprio Pedro, que recebera preciosas lições do Senhor, vacilou quanto à atitude que lhe seria adequada.

Como haver-se nas circunstâncias? Destinava-se aquele abrigo ao recolhimento de criaturas desventuradas; entretanto, como classificar a triste posição daquela mulher que, naturalmente, buscara o vaso da angústia nos excessivos gozos da vida? Não estaria a sofredora resgatando os próprios débitos? Se bebera com loucura na taça dos prazeres, não lhe caberia o fel da aflição?

Dispunha-se a rogar-lhe que se afastasse do asilo, quando recordou a necessidade de orar. Se o caso era omisso nas disposições que regiam o instituto fraterno, tornava-se imperioso consultar a inspiração do Messias.

O Mestre lhe ditaria o recurso. Buscar-lhe-ia, por isso, o conselho na prece ardente.

Enquanto a infortunada aguardava resposta, sob o apupo de pequena multidão que lhe contemplava as feridas, o Apóstolo buscava a solidão do santuário doméstico e exorava a proteção do Amigo Divino, que fora crucificado.

Em breves instantes, viu Jesus, nimbado de claridade resplandecente, não longe de suas mãos, que se estenderam suplicantes.

— Mestre — rogou Pedro, atacando diretamente o assunto, como quem sabia da brevidade daqueles momentos inesquecíveis —, temos à entrada uma pecadora, reconhecidamente entregue ao mal! Ajuda-me, inspira-me!... Que farei?!...

O Salvador entreabriu os lábios sublimes e falou:

— Pedro, eu não vim curar os sãos...

O discípulo entendeu a referência, mas, ponderando a grave responsabilidade de quem administra, acentuou:

— Senhor, estamos agora sem tua orientação direta e visível. Recebê-la-emos neste lar, para quê? A fim de julgá-la?

Com o mesmo olhar sereno, Jesus replicou:

— Nesse mister permanecem na Terra numerosos juízes.

— Para fazer-lhe sentir a extensão dos erros? — indagou Simão, em lágrimas.

— Não, Pedro — tornou o Mestre —, para dar-lhe conhecimento da penúria em que vive, conta nossa irmã, nas vias públicas, milhares de bocas que amaldiçoam e outras tantas mãos que apedrejam.

— Para conferir-lhe a noção do padecimento em que se mergulhou por si mesma?

— Também não. Em tarefa ingrata como essa, vivem aqueles que a exploram, dando-lhe fome e sede, pranto e aflição...

— Para dizer-lhe das penas que a esperam neste e no "outro mundo"?

— Ainda não. Nesse labor terrível respiram os Espíritos acusadores, que não hesitam na condenação em nome do Pai, olvidando as próprias faltas...

O ex-pescador de Cafarnaum, então, chorou súplice, porque no íntimo desejava conformar-se com os ditames da justiça, exemplificando, simultaneamente, com o amor que o Cristo lhe havia legado. Arquejava soluçante, ignorando como prosseguir nas indagações, mas Jesus dele se acercou, iluminado e benevolente... Enxugou-lhe as lágrimas que corriam abundantes e esclareceu:

— Pedro, para ferir e amaldiçoar, sentenciar e punir, a cidade e o campo estão cheios de maus servidores. Nosso ministério ultrapassa a própria justiça. O Evangelho, para ser realizado, reclama o concurso de quem ampara e educa, edifica e salva, consola e renuncia, ama e perdoa... Abre acesso à nossa irmã transviada, e auxilia-a no reerguimento. Não a precipites em despenhadeiros mais fundos... Arranca-a da morte e traze-a para a vida... Não te esqueças de que somos portadores da Boa-Nova da salvação!...

Logo após, entrou em silêncio, diluindo-se-lhe a figura irradiante na claridade evanescente da hora vespertina...

O Apóstolo levantou-se, deu alguns passos, atravessou extensa fileira de irmãos espantados, abriu, de manso, a porta e dirigiu-se à mulher, acolhedor:

— Entre, a casa é sua!
— Quem sois? — interrogou a infeliz, assombrada.
— Eu? — falou Pedro, com os olhos empapuçados de chorar.

E concluiu:

— Sou seu irmão.

(Mensagem extraída do livro *Luz acima,* cap. 36.)

~ 54 ~
O testemunho

Um santo homem repousava, junto a velho poço, em Cesareia, quando se aproximaram dele alguns jovens aprendizes do Evangelho, rogando-lhe esclarecimentos sobre o testemunho a que se referem todos os orientadores da virtude cristã, na preparação espiritual.

O ancião fez um gesto de bênção e falou sem preâmbulos:

— Um devotado judeu convertido à Boa-Nova resolveu transportar a palavra do Senhor para certa comunidade rural da antiga Fenícia, onde residia, no intuito de guiar corações amigos, das trevas para a luz.

Inflamado de entusiasmo, saiu de Jerusalém para a nova pátria que adotara, após recolher os ensinamentos do Messias, por meio dos Apóstolos, em ambiente familiar.

Mente modificada e coração refeito, passou a ensinar as verdades novas, sem perder o calor da fé, ante a gelada indiferença de velhos companheiros de luta.

Ninguém queria saber de perdoar inimigos ou auxiliá--los e muito menos de lançar mão dos próprios haveres, em favor da fraternidade e, por isto, o pobre doutrinador foi insultado e apedrejado em praça pública.

Decorrido longo tempo de esforço inútil, deliberou transferir-se para aldeia próspera, situada às margens do Eufrates, onde contava com diversos amigos, e pôs-se a caminho, sem vacilar.

Seguia estrada afora, de pensamento voltado para o céu todo azul e ouro, agradecendo ao Mestre a bênção das flores e das brisas que lhe adocicava a marcha, quando, a certa altura de zona pantanosa, surpreendeu ardiloso crocodilo que, sorrateiro e voraz, rastejava ao seu encontro.

Compreendeu a extensão do perigo e tentou evitá-lo.

Recuou instintivamente; todavia, dois temíveis animais da mesma espécie buscavam atacá-lo pela retaguarda.

Sabia que, não longe, existia pequena cabana a que poderia abrigar-se e deu-se pressa em alcançá-la; atingindo-a, porém, reparou, surpreendido, que a choça fora incendiada por anônimo delinquente.

Procurou a margem de grande canal próximo, onde pequena ponte lhe proporcionaria passagem para outro lado da região; entretanto, a ponte rústica fora arrebatada por inundações recentes.

A esse tempo, outros crocodilos se haviam agregado aos três primeiros, e o viajor, apavorado, no intuito de preservar-se, encaminhou-se para uma cova antiga não muito distante; contudo, ao abordá-la, notou que enorme serpente lhe ocupava o fundo, apresentando-lhe agressiva cabeça.

Atordoado, dirigiu-se para duas árvores aparentemente vigorosas e tentou escapar, por uma delas, mas, em poucos segundos, o vegetal tombou fragorosamente, restituindo-o ao chão; escalou a segunda e repetiu-se a experiência. As raízes haviam sido destruídas por vermes invasores.

Lembrou-se o convertido de certo montículo de pedras e, concluindo que algo devia possuir para defender-se convenientemente, correu a buscá-lo; no cntanto, somente encontrou sinais de trabalhadores que, sem dúvida, as teriam transportado para alguma construção das adjacências.

Ávido, buscou algum elemento para a defensiva natural; todavia, o terreno fora lavado por chuvas copiosas e não viu sequer a mais leve acha de lenha.

Desacoroçoado, subiu pequena eminência, com a intenção de despejar-se em algum vale, mas, alcançando o topo, descortinou simplesmente o abismo e compreendeu que o abismo significava a morte.

Então, aquele homem que tanto se torturara, fitou o céu, ajoelhou-se e, ante as feras que se aproximavam, clamou confiante:

— Mestre, cumpram-se no escravo os desígnios do Senhor!

Nesse ponto da experiência, o discípulo, espantado, lobrigou tênue neblina, da qual, numa reduzida fração de minuto, emergiu o próprio Jesus, radiante e belo, que lhe disse bondoso:

— Não temas! Estou aqui. A minha graça te basta.

Forte ventania soprou célere, e os ferozes sáurios recuaram assombrados.

O narrador fez demorada pausa e concluiu:

— Todos os seguidores do Senhor encontrarão adversários na senda de purificação... Quanto mais adiantado o curso em que se encontram, maior é o número de testemunhos e de lições, porque as dificuldades, obstáculos, perseguições e incompreensões são sempre feras simbólicas. Há discípulos que encontram um crocodilo por ano, outros recebem um crocodilo mensal ou semanal e muitos existem que são defrontados por uma romaria de crocodilos de hora em hora, dependendo as experiências do avanço levado a efeito... Nesses momentos preciosos e importantes, contudo, não vale qualquer recurso à proteção das forças exteriores, porque, na escola divina da ascensão, cada aprendiz deverá encontrar o socorro, a resposta ou a solução, dentro de si mesmo.

E antes que os jovens formulassem as novas indagações que lhes assomavam à boca, o velhinho ergueu-se, arrimou-se a humilde bordão, despediu-se e seguiu para a frente...

(Mensagem extraída do livro *Pontos e contos,* cap. 5.)

~ 55 ~
A súplica final

Convencido de que o Mestre distribui as graças de acordo com as solicitações dos discípulos, o crente fervoroso e sincero, vivamente interessado na perfeita integração com o Senhor, pediu-lhe dinheiro, alegando a necessidade de recursos materiais para atender-lhe aos desígnios.

Ouvindo-lhe a rogativa, o Salvador mobilizou emissários para satisfazê-lo.

Em breve, a fortuna vinha ao encontro do aprendiz, enchendo-lhe os cofres e prestigiando-lhe a casa.

Multiplicaram-se-lhe, porém, as preocupações e surgiram desgostos graves. Longe de elevar-se à Espiritualidade Superior, passava dias e noites vigiando a entrada e a saída do ouro, assinalando os depósitos crescentes.

Distraído das obrigações mais humildes, perdeu a companhia da esposa e dos filhos, desgarrados do lar pelas fascinações da vida fácil.

No fundo, entretanto, conservava a fé inicial e, quando lhe transbordaram as arcas, reconheceu a dificuldade para alçar-se ao Cristo.

Prosternou-se em oração e implorou a Jesus lhe desse autoridade, assegurando que aguardava semelhante vantagem a fim de segui-lo.

O Senhor acolheu-lhe a súplica e expediu mensageiros que lhe garantissem a desejada aquisição.

Quase de imediato, o discípulo foi guindado a nobre posição administrativa; todavia, sem bases na experiência, em pouco tempo se viu odiado e incompreendido, incapaz de suportar calúnias e críticas, observações descabidas e advertências mordazes de subalternos e superiores. Movimentava vultosos patrimônios materiais; contudo, não correspondia aos imperativos do espírito.

Aturdido e desencantado, tornou à oração e implorou a Jesus a concessão de dons maravilhosos, afiançando que somente assim poderia servi-lo.

O Divino Doador anotou-lhe a solicitação e recomendou aos assessores lhe confiassem o poder de curar.

O aprendiz recebeu a dádiva e entregou-se ao trabalho.

Dentro de alguns dias, enormes fileiras de necessitados batiam-lhe à porta. A popularidade absorveu-lhe as horas. Escasseou-lhe o tempo, até para alimentar-se. Sem preparação para o delicado serviço, no decurso de alguns meses declarou-se em falência. Faltavam-lhe forças para o ministério. Em face da multidão dos sofredores e dos ignorantes, os familiares que lhe restavam no lar abandonaram o campo doméstico. E o pobre, por sua vez, não soube tratar com os desesperados da sorte. Quando não podia atender alguém, depois de haver socorrido dezenas de aflitos, sentia-se crivado de acusações que não sabia acolher com serenidade.

Submeteu-se, desse modo, ao cansaço absoluto. Descontrolou-se. Renegou o dom que o Céu lhe emprestara. No entanto, porque a fé ainda lhe vibrava no íntimo, regressou à petição, com sinceridade, e renovou a súplica.

Em pranto, implorou a pobreza e a obscuridade. Desejava desfazer-se de todos os laços com a posse terrestre. Seria trabalhador anônimo. Ligar-se-ia à Providência, por meio do esforço desconhecido.

Registrando-lhe os rogos, o Mestre enviou prepostos adequados à situação. O discípulo foi conduzido à penúria. Esgotaram-se-lhe os recursos. A enfermidade visitou-o com insistência. Desacertaram-se-lhe os negócios. Fugiram amigos e apareceram credores.

Sozinho e desamparado, viu-se igualmente inapto para aquele gênero de provação. Sarcasmos e zombarias choviam-lhe na estrada. Foi apontado à conta de imprevidente e relapso, sem o governo da própria existência. Debalde tentou colaborar em obras edificantes. Mesmo aí encontrou gargalhadas por parte de alguns companheiros. Ninguém confiava nele. Aos olhos alheios era relaxado e dissipador. Verificou o mísero que a impaciência e a revolta passaram a frequentar-lhe o coração. Surpreendia-se, por vezes, irado e infeliz, ensaiando reações.

Socorrido, porém, pela sublime claridade da fé, proclamou a incapacidade de suportar a pobreza absoluta e, genuflexo, implorou ao Senhor:

— Mestre Amado, sei que me abres a porta sempre que bato confiante, mas, em verdade, ignoro a essência de meus próprios desejos. Reconheço agora que dispensas a riqueza, o poder e a glória de teus dons, conforme os méritos e as necessidades dos aprendizes. Não dás a escassez extrema àquele que ainda não sabe utilizá-la para o bem, nem confias tuas dádivas aos que não sabem como transportá-las, entre os homens ingratos e cruéis. Conheces a posição de cada um de nós e medes, com sabedoria, a extensão de nossas possibilidades. Não conferes o benefício da lágrima ao coração endurecido, como não deixas o cetro da direção, por muito tempo, nas mãos levianas ou inábeis; não concedes a pobreza absoluta a quem não sabe aproveitar o sofrimento, como não permites que a riqueza se demore na moradia dos insensatos!... Emudece, Senhor, os pedidos de minha ignorância, não permitas que eu te suplique situações que desconheço... Modifica minha vontade, para que meus desejos concordem com teus desígnios... Até hoje tenho sido cego! não me negues tua misericórdia!... Faze que eu veja!...

O Mestre ouviu-lhe a rogativa, mas, dessa vez, não mandou emissários para a colaboração indireta. Veio, Ele mesmo, ao santuário interior do aprendiz.

O discípulo, em pranto, sentiu então que alguém lhe falava do centro da alma. Não era uma voz semelhante às vozes que escutara no mundo... Era um sopro divino, nascido da misteriosa cripta do coração, renovando-lhe todo o ser. Extasiado e feliz, reconheceu a presença do Senhor que lhe falou à consciência desperta:

— Doravante, permanecerás em mim, como permaneço em ti. Estaremos unidos para sempre!...

(Mensagem extraída do livro *Pontos e contos*, cap. 20.)

~ 56 ~
O semeador incompleto

Conta-se que existiu um cristão inteligente e sincero, de convicções fortes e maneiras francas, que, onde estivesse, atento às letras evangélicas, não deixava de semear a palavra do Senhor.

Excelente conversador, ocupava a tribuna com êxito invariável. As imagens felizes fluíam-lhe dos lábios quais arabescos maravilhosos de som. Ensinava sempre, conduzia com lógica, aconselhava com acerto, espalhava tesouros verbais. No entanto, reconhecia-se incompreendido de toda gente.

Em verdade, no fundo, exaltava o amor; todavia, acima de tudo, queria ser amado. Salientava os benefícios da cooperação; contudo, estimava a colaboração alheia, sentindo-se diminuído quando as situações lhe reclamavam concurso fraterno. Sorria, contente, ao receber o título de orientador; entretanto, dificilmente sabia utilizar o título de irmão. Habituara-se, por isso, ao patriarcado absorvente criado pelos homens na imitação do patriarcado libertador de Deus.

Com a passagem do tempo, todavia, suas palavras perderam o brilho. Faltava-lhes a claridade interior que somente a integração com Jesus pode proporcionar.

Servo caprichoso e rígido, insulou-se no estudo das letras sagradas e buscou situar-se nos símbolos da Boa-Nova, descobrindo para ele mesmo a posição do semeador incompreendido.

As estações correram sucessivas e a luz de cada dia encontrou-o sempre sozinho e distante...

Dizia-se enfastiado das criaturas. Semeara entre elas, afirmava triste, as melhores noções da vida, recebendo, em troca, a ingratidão e o abandono. Sentia-se ausente de sua época, desajustado entre os companheiros e descrente do mundo. E porque não desejava contrariar a si mesmo, retirara-se das atividades sociais, a fim de aguardar a morte.

Efetivamente, o anjo libertador, decorrido algum tempo, veio subtraí-lo ao corpo físico.

Estranho, agora, ao ambiente carnal, vagueou em esfera obscura, durante muitos anos. Mantinha-se apagada a lâmpada de seu coração. Não possuía suficiente luz para identificar os caminhos novos ou para ser visto pelos emissários celestes.

O inteligente instrutor, por fim, valeu-se da prece. Afinal, fora sincero em seus pontos de vista e leal a si próprio. E tanto movimentou os recursos da oração que o Senhor, ouvindo-lhe as súplicas bem urdidas, desceu em pessoa aos círculos penumbrosos.

Sentindo-se agraciado, o infeliz alinhou frases preciosas que Jesus anotava em silêncio.

Depois de longa exposição verbal do aprendiz, perguntou o Mestre, amável:

— Que missão desempenhaste entre os homens?

O interpelado fixou o gesto de quem sofre o golpe da injustiça e esclareceu:

— Senhor, minha tarefa foi semelhante à daquele semeador de tua parábola. Gastei várias dezenas de anos, espalhando tuas lições na Terra. No entanto, não fui bem-sucedido no ministério. As sementes que espargi a mancheias sempre caíram em terra sáfara. Quando não eram eliminadas pelas pedras do orgulho, apareciam monstros da vaidade, destruindo-as; surgiam espinhos da insensatez sufocando-as; crescia o lodo do mal, anulando-me o serviço. Nunca fugi ao esforço de oferecer teus ensinamentos com abundância. Atirei-os aos quatro cantos do mundo, por meio da tribuna privada ou da praça livre. Todavia, meu salário tem sido o pessimismo e a derrota...

Jesus fitava-o condoído. E porque os lábios divinos nada respondessem, o aprendiz acentuou:

— Portanto, é imperioso reconhecer que te observei as advertências... Fui sincero contigo e fiel a mim mesmo...

Verificando-se novo intervalo, disse o Senhor com imperturbável serenidade:

— Se atiraste tantas sementes a esmo, que fazias do solo? Acreditas que o Supremo Criador conferiu eternidade ao pântano e ao espinheiro? Que dizer do lavrador que planta desordenadamente, que não retira as pedras do campo, nem socorre o brejo infeliz? É fácil espalhar sementes porque os princípios sublimes da vida procedem originariamente da Providência Divina. A preparação do solo, porém, exige cooperação direta do servo disposto a contribuir com o próprio suor. Que fizeste em favor dos corações que converteste em terra de tua semeadura? Esperavas, acaso, que o lago lodacento te procurasse as mãos para ser drenado, que as pedras te rogassem remoção, que os carrascais te pedissem corrigenda? Permaneceria a sementeira fora do plano educativo estabelecido pelo Pai Eterno para o Universo inteiro? Ante nova pausa que se fizera, o crente, desapontado, objetou:

— Contudo, tua parábola não se refere aos nossos deveres para com o solo...

— Oh! — tornou Jesus, complacente — estará o mestre obrigado a resolver os problemas dos discípulos? Não me reportei à vinha do mundo, à charrua do esforço, ao trigo da verdade e ao joio da mentira? Não expliquei que o maior no Reino dos Céus será sempre aquele que se transformou em servo de todos? Não comentei, muitas vezes, as necessidades do serviço?

O ex-instrutor silenciou em pranto convulso.

O Senhor, todavia, afagou-lhe pacientemente a fronte e recomendou:

— Volta, meu amigo, ao campo do trabalho terrestre e não te esqueças do solo, antes de semear. Cada coração respira em clima diferente. Enquanto muitos permanecem na zona fria da ignorância, outros se demoram na esfera tórrida das paixões desvairadas. Volta e vive com eles, amparando a cada um, segundo as suas necessidades. Aduba a sementeira do bem, de conformidade com as exigências de cada região. Esse ministério abençoado reclama renúncia e sacrifício. Atendendo aos outros, ajudarás a ti mesmo. Por enquanto, és apenas o semeador incompleto. Espargiste as sementes, mas não consultaste as necessidades do chão. Cada gleba tem as suas dificuldades, os seus problemas e percalços diversos. Vai e, antes de tudo, distribui o adubo da fraternidade e do entendimento.

Nesse instante, o ex-pregador da verdade sentiu-se impelido por vento forte. A lei do renascimento arrebatava-o às esferas mais baixas, onde, novamente internado na carne, trabalharia, não para ser compreendido, mas para compreender.

(Mensagem extraída do livro *Pontos e contos,* cap. 22.)

~ 57 ~
O quinhão do discípulo

Cercado de potências angélicas, o Mestre dos mestres recebia a longa fileira de almas necessitadas, a chegarem da Terra, trazidas pelas asas veludosas do sono. Rogativas particulares sucediam-se ininterruptas. E o divino Dispensador as acolhia afavelmente. Para as solicitações mais disparatadas, oferecia a ternura do benfeitor e o sorriso do sábio. Jovens e velhos, adultos e crianças eram admitidos à augusta presença, um a um, expondo cada qual sua necessidade e sua esperança.

— Senhor — implorava carinhosa mãe, de olhos súplices —, meus filhos aguardam-te a complacência vigilante!

E prosseguia aflita, enumerando intrincados problemas domésticos, destacando projetos para o futuro, na experiência carnal.

O Mestre ouviu e recomendou aos cooperadores atendessem a súplica, na primeira oportunidade.

Seguiu-se-lhe linda jovem que rogou ansiosa:

— Ó Jesus, atende-me! socorre meu noivo que sucumbe... Livra-o da morte, por piedade! Sem ele, não viverei!...
O Benfeitor divino ouviu atento, e ordenou que os emissários restituíssem o dom da saúde física ao doente grave.

Logo após, entrou velho e simpático lavrador, de gestos confiantes, que se prosternou, suplicando:

— Doador da vida, abençoa meu campo! Peço-te! Amo profundamente a terra que me confiaste. É celeiro do meu pão, recreio de meus olhos, esperança de minha velhice!...

O Pastor Divino sorriu para ele, abençoou-o afetuosamente, e determinou aos auxiliares santificassem o ritmo das estações sobre o campo daquele trabalhador devotado, para que ali houvesse flores e frutos abundantes.

Em seguida, cavalheiro respeitável penetrou o recinto de luz, evidenciando nobre posição intelectual, e solicitou reverente:

— Protetor dos necessitados, o ideal de realizar algo de útil na Terra inflama-me o espírito... Dá-me possibilidades materiais, concede-me a temporária mordomia de teus infinitos bens! Quero combater o pauperismo, a fome, a nudez, entre os homens encarnados... Auxilia-me por compaixão!

O Embaixador do Sumo Bem contemplou-o satisfeito, aquiesceu com palavras de estímulo e designou adjuntos para a articulação de providências, quanto à satisfação do pedido.

Minutos depois, entrou um filósofo que implorou:

— Sábio dos sábios, dá-me inspiração para renovar a cultura terrestre!...

O Cristo aprovou a petição, concedendo-lhe vasto séquito de instrutores.

E a legião dos suplicantes prosseguia sempre, movimentada e feliz, valendo-se da visita providencial do Celeste Benfeitor às sombrias fronteiras da carne. Jesus atendia sempre, ministrando incentivos e alegrias, graças e consolações, determinando medidas aos assessores diretos.

Em dado instante, porém, o círculo foi penetrado por um homem diferente. Seu olhar lúcido falava de profunda sede interior, seus gestos respeitosos traduziam confiança e veneração imensas.

Ajoelhou-se humilde, estendeu os braços para o Emissário do Eterno Pai e, ao contrário de quantos lhe haviam precedido na súplica, explicou-se com simplicidade:

— Senhor, eu sei que sempre dás conforme nossos rogos.

Ante a estupefação geral, continuou:

— Há quase vinte séculos, ensinaste-nos que o homem achará o que procura e receberá o que pede...

O Divino Orientador ouvia comovido, enquanto os demais seguiam a cena com admiração.

O visitante reverente deixou cair lágrimas sinceras e prosseguiu:

— Vezes inúmeras, tenho lidado com o desejo e a posse, com a esperança e a realização, nos círculos transitórios da existência carnal. Estou pronto para cumprir-te os Desígnios Superiores, seja onde for, quando e como quiseres, mas, se permites, rogo-Te luz divina do Teu coração para o meu coração, paz, alegria e vigor imortais de Tua alma para minha alma!... Quero seguir-Te, enfim!...

Com doçura admirável, o Mestre tocou-lhe a fronte e indagou:

— Queres ser meu discípulo?

— Sim! — respondeu o aspirante da luz.

Calou-se o Cristo. Verificando-se intervalo mais longo, e considerando que todos os pedintes haviam recebido gratificações e júbilos imediatos, o aprendiz perguntou:

— Que me reservas, Senhor?

O Doador das bênçãos contemplou-o com ternura e informou:

— Volta ao campo de teus deveres. Entender-me-ei contigo diretamente.

E depois de um silêncio, que ninguém ousou interromper, o Mestre concluiu:

— Reservar-te-ei a lição.

(Mensagem extraída do livro *Pontos e contos,* cap. 29.)

~ 58 ~
Nas palavras do caminho

Conta-se que Tiago, o velho Apóstolo que permaneceu em Jerusalém, demandava Betânia, junto de Matias, o sucessor de Judas, no colégio dos continuadores do Cristo, quando foi lembrada, repentinamente, a figura do Iscariotes.

Contemplando um pomar vizinho, Tiago comentou, em resposta às observações do companheiro:

— Este sítio lembra o horto em que o Mestre foi traído. As árvores próximas parecem esperá-lo, às lições do crepúsculo, quando o Senhor estimava as meditações mais profundas. Recordo-me ainda do instante inesperado, não obstante os seus avisos. Judas vinha à frente de oficiais e de soldados que empunhavam lanternas, varapaus e espadas. Contavam encontrá-lo à noite, porque Jesus muitas vezes se alegrava em ministrar-nos ensinamentos, à doce claridade noturna. O Mestre, porém, vinha ao encontro dos adversários e estava sorridente e imperturbável.

Olhos mergulhados nas reminiscências, o Apóstolo relembrava:

— Adiantou-se o infame e beijou-o na face. Estabeleceu-se o tumulto e consumou-se a prisão do Messias, começando, desde então, o nosso martírio.

— Que insolência! Que homem caviloso esse Judas terrível! — replicou Matias, inflamado no zelo apostólico.

— Dói-me evocar o vulto hediondo do ingrato. Como não vacilou ele no crime ignominioso?

— Será Judas, para sempre, a nossa vergonha — exclamou Tiago, arrimando-se ao bordão rústico. — Muitas vezes ouço a argumentação de Pedro, que busca defendê-lo. Ouço e calo-me, porque, para mim, não existem palavras que o escusem. Esse traidor será um réu diante da Humanidade. Foi ele quem entregou o Mestre aos sacerdotes criminosos e provocou a tragédia do Gólgota. Não tem advogados nem desculpas. Foi perverso, positivamente infame.

— Como se abalançou a semelhante absurdo? — indagou o interlocutor. — Tudo lhe dera o Senhor, em bênçãos eternas!

— Foi o espírito diabólico da ambição desregrada — tornou Tiago, em voz firme —; Judas queria absorver a direção de nosso grupo, ombrear com os rabinos do Templo, cativar a simpatia dos romanos dominadores, criar uma organização financeira, submeter o próprio Senhor à sua vontade. Pedro costuma afirmar que o celerado não previa as consequências do ato de traição, nem alimentava o propósito de eliminar o Messias amado; contudo, não posso admitir a suposição. Judas, por certo, condenou o Senhor deliberadamente à morte, e talvez fosse ele o inspirador sutil dos tormentos na cruz. João e Pedro asseveram que o infeliz se arrependeu e chorou; entretanto, chego a duvidar. Um traidor como aquele não encontraria pranto nos olhos. Era demasiadamente perverso para sofrer por alguém.

— Com efeito — observou Matias —, não devia passar de criminoso vulgar. A sua memória inspira-me compaixão e vergonha...

Depois de ligeira pausa, indagou:

— Chegou a vê-lo antes da morte?

— Não — replicou Tiago, de maneira significativa —, e não sei se me comportaria fraternalmente se ainda o tivesse ante os olhos. O traidor morreu nos laços diabólicos que teceu com as próprias mãos. Devia descer aos infernos, como desceu, envolvido em trevas densas. Era um perverso gênio das potências inferiores.

— E os familiares desse homem cruel? — interrogou Matias, curioso. — Porventura lhe aprovaram a conduta satânica?

Tiago ia responder, mas alguma coisa lho impediu. O velho Apóstolo arregalou os olhos, interrompeu a marcha e perguntou ao companheiro:

— Quem é aquele que vem lá, vestido em luz resplandecente?

Assombrado, Matias redarguiu:

— Também vejo, também vejo!...

Banhado, agora, em lágrimas, Tiago reconheceu o Messias. Lembrou a narrativa dos discípulos, a caminho de Emaús, ajoelhou-se reverente, e falou baixinho:

— É o Senhor!

Aproximou-se Jesus com a majestosa beleza da Espiritualidade Sublime e parou, por instantes, ao lado dos companheiros. Contemplou-os compassivamente, como Mestre afetuoso junto a dois aprendizes humildes. Matias chorava, sem força para erguer os olhos. Tiago, em pranto, ousou fixá-lo e rogou:

— Senhor, abençoai-nos!

Jesus estendeu a destra em sinal de amor e, como nada dissesse, o velho galileu considerou:

— Senhor, podemos voltar para Jerusalém, a fim de receber a vossa vontade e cumpri-la!

— Não, Tiago — respondeu o Cristo, doce e firmemente —, não vou agora à cidade, sigo em missão de auxílio a Judas.

E sem acrescentar coisa alguma, continuou a excursão solitária, em sublime silêncio.

Nessa noite, quando voltou a Jerusalém, o velho Tiago insulou-se da comunidade, e, tomando os pergaminhos nos quais começara a escrever sua bela epístola à cristandade, anotou, em lágrimas, suas famosas considerações sobre a língua humana.

(Mensagem extraída do livro *Pontos e contos,* cap. 35.)

~ 59 ~
A ordem do Mestre

20 de dezembro de 1935.

Avizinhando-se o Natal, havia também no Céu um rebuliço de alegrias suaves. Os Anjos acendiam estrelas nos cômoros de neblinas douradas e vibravam no ar as harmonias misteriosas que encheram um dia, de encantadora suavidade, a noite de Belém. Os pastores do paraíso cantavam e, enquanto as harpas divinas tangiam suas cordas sob o esforço caricioso dos zéfiros da imensidade, o Senhor chamava o discípulo bem-amado ao seu trono de jasmins matizado de estrelas.

O vidente de Patmos não trazia o estigma da decrepitude, como nos seus últimos dias entre os espórades. Na sua fisionomia pairava aquela mesma candura adolescente que o caracterizava no princípio do apostolado.

— João — disse-lhe o Mestre —, lembras-te do meu aparecimento na Terra?

— Recordo-me, Senhor. Foi no ano 749 da era romana, apesar da arbitrariedade de frei Dionísio, que, calculando no século VI da era cristã, colocou erradamente o vosso natalício em 754.

— Não, meu João — retornou docemente o Senhor —, não é a questão cronológica que me interessa, ao te arguir sobre o passado. É que nessas suaves comemorações vem até mim o doce murmúrio das lembranças!...

— Ah! sim, Mestre Amado — retrucou pressuroso o discípulo —, compreendo-vos. Falais da significação moral do acontecimento. Oh!... Se me lembro... a manjedoura, a estrela guiando os poderosos ao estábulo humilde, os cânticos harmoniosos dos pastores, a alegria ressoante dos inocentes, afigurando-se-nos que os animais vos compreendiam mais que os homens, aos quais ofertáveis a lição da humildade, com o tesouro da fé e da esperança. Naquela noite divina, todas as potências angélicas do paraíso se inclinaram para a Terra cheia de gemidos e de amargura, por exaltar a mansidão e a piedade do Cordeiro. Uma promessa de paz desabrochava para todas as coisas, com o vosso aparecimento no mundo. Estabelecera-se um noivado meigo entre a Terra e o Céu, e recordo-me do júbilo com que vossa mãe vos recebeu nos seus braços, feitos de amor e de misericórdia. Dir-se-ia, Mestre, que as abelhas de ouro do paraíso fabricaram, naquela noite de aromas e de radiosidade indefiníveis, um mel divino no coração piedoso de Maria!...

"Retrocedendo no tempo, meu Senhor bem-amado, vejo o transcurso da vossa infância, sentindo o martírio de que fostes objeto; o extermínio das crianças da vossa idade, a fuga nos braços carinhosos de vossa genitora, os trabalhos manuais em companhia de José, as vossas visões maravilhosas no Infinito, em comunhão constante com o vosso e nosso Pai, preparando-vos para o desempenho da missão única que vos fez abandonar, por alguns momentos, os palácios de sol da mansão celestial, a fim de descer sobre as lamas da Terra..."

— Sim, meu João, e, por falar nos meus deveres: como seguem no mundo as coisas atinentes à minha doutrina?

— Vão mal, meu Senhor. Desde o concílio ecumênico de Niceia, efetuado para combater o cisma de Ário em 325, as vossas verdades são deturpadas. Ao arianismo seguiu-se o movimento dos iconoclastas, em 787; e tanto contrariaram os homens o vosso ensinamento de pureza e de simplicidade, que eles próprios nunca mais se entenderam na interpretação dos textos evangélicos.

— Mas não te recordas, João, que a minha doutrina era sempre acessível a todos os entendimentos? Deixei aos homens a lição do caminho, da verdade e da vida, sem lhes haver escrito uma só palavra.

— Tudo isso é verdade, Senhor, mas, logo que regressastes aos vossos impérios resplandecentes, reconhecemos a necessidade de legar à posteridade os vossos ensinamentos. Os Evangelhos constituem a vossa biografia na Terra; contudo, os homens não dispensam, em suas atividades, o véu da matéria e do símbolo. A todas as coisas puras da espiritualidade adicionam a extravagância de suas concepções. Nem nós e nem os Evangelhos poderíamos escapar. Em diversas basílicas de Ravena e de Roma, Mateus é representado por um jovem; Marcos, por um leão; Lucas, por um touro, e eu, Senhor, estou ali sob o símbolo estranho de uma águia.

— E os meus representantes, João, que fazem eles?

— Mestre, envergonho-me de o dizer. Andam quase todos mergulhados nos interesses da vida material. Em sua maioria, aproveitam-se das oportunidades para explorar o vosso nome e, quando se voltam para o campo religioso, é quase que apenas para se condenarem uns aos outros, esquecendo-se de que lhes ensinastes a se amarem como irmãos.

— As discussões e os símbolos, meu querido — disse-lhe suavemente o Mestre —, não me impressionam tanto. Tiveste, como Eu, necessidade destes últimos para as predicações e, sobre a luta das ideias, não te lembras quanta autoridade fui obrigado a despender, mesmo depois da minha volta da Terra, para que Pedro e Paulo não se tornassem inimigos? Se entre os meus Apóstolos prevaleciam semelhantes desuniões, como poderíamos eliminá-las do ambiente dos homens, que não me viram, sempre inquietos nas suas indagações?... O que me contrista é o apego dos meus missionários aos prazeres fugitivos do mundo!...

— É verdade, Senhor.

— Qual o núcleo da minha doutrina que detém, no momento, maior força de expansão?

— É o departamento dos bispos romanos, que se recolheram dentro de uma organização admirável pela sua disciplina, mas altamente perniciosa pelos seus desvios da verdade. O Vaticano, Senhor, que não conheceis, é um amontoado suntuoso das riquezas das traças e dos vermes da Terra. Dos seus palácios confortáveis e maravilhosos irradia-se todo um movimento de escravização das consciências. Enquanto vós não tínheis uma pedra onde repousar a cabeça dolorida, os vossos representantes dormem a sua sesta sobre almofadas de veludo e ouro; enquanto trazíeis os pés macerados nas pedras do caminho escabroso, quem se inculca como vosso embaixador traz a vossa imagem nas sandálias matizadas de pérolas e brilhantes. E junto de semelhantes superfluidades e absurdos, surpreendemos os pobres chorando de cansaço e de fome; ao lado do luxo nababesco das basílicas suntuosas, erigidas no mundo como um insulto à glória da vossa humildade e do vosso amor, choram as crianças desamparadas, os mesmos pequeninos a que estendíeis os braços compassivos e misericordiosos. Enquanto sobram as lágrimas e os soluços entre os infortunados, nos templos onde se cultua a vossa memória transbordam moedas a mancheias, parecendo, com amarga ironia, que o dinheiro é uma defecação do demônio no chão acolhedor da vossa casa.

— Então, meu discípulo, não poderemos alimentar nenhuma esperança?

— Infelizmente, Senhor, é preciso que nos desenganemos. Por um estranho contraste, há mais ateus benquistos no Céu, do que aqueles religiosos que falam em vosso nome na Terra.

— Entretanto — sussurraram os lábios divinos, docemente —, consagro o mesmo amor à Humanidade sofredora. Não obstante a negativa dos filósofos, as ousadias da Ciência, o apodo dos ingratos, a minha piedade é inalterável... Que sugeres, meu João, para solucionar tão amargo problema?

— Já não dissestes um dia, Mestre, que cada qual tomasse a sua cruz e vos seguisse?

— Mas prometi ao mundo um Consolador em tempo oportuno!...

E, os olhos claros e límpidos, postos na visão piedosa do amor de seu Pai Celestial, Jesus exclamou:

— Se os vivos nos traíram, meu discípulo bem-amado, se traficam com o objeto sagrado da nossa casa, profligando a fraternidade e o amor, mandarei que os mortos falem na Terra em meu nome. Deste Natal em diante, meu João, descerrarás mais um fragmento dos véus misteriosos que cobrem a noite triste dos túmulos, para que a verdade ressurja das mansões silenciosas da morte. Os que voltaram pelos caminhos ermos das sepulturas retornarão à Terra, para difundirem a minha mensagem, levando aos que sofrem, com a esperança posta no Céu, às claridades benditas do meu amor!...

E desde essa hora memorável, há mais de cinquenta anos, o Espiritismo veio com as suas lições prestigiosas felicitar e amparar na Terra a todas as criaturas.

(Mensagem extraída do livro *Crônicas de além-túmulo,* cap. 15.)

Índice geral[1]

A

Acúrsio, Flávio Graco, questor
  Jesus e – 25

Agiel, guardas do sagrado candeeiro
  salteador durante a noite e – 19

Agrícola, Quintiliano, patrício ilustre
  Jesus e – 25

Amenab
  Simão Pedro e – 47

Amor
  nossa única dádiva e – 21

Amós, o mercador de cabras
  Jesus e – 35
  Simão Pedro e – 47

Ananias
  comércio da fome e – 24
  Simão Pedro e – 24

André
  Bartolomeu e benevolência de – 49
  candidatos à divina companhia e – 10

Apolônio, o soldado da coorte
  Jesus e – 35

Aprendiz
  choro de júbilo e – 3
  claridades da revelação e – 3
  concessão de dons maravilhosos e – 55
  domínio de si mesmo e – 3
  entendimento dos dramas dolorosos e – 3
  fascinações da vida fácil e – 55
  feridas na alma e – 3
  nobre posição administrativa e – 55
  pobreza, obscuridade e – 55
  poder da palavra e – 15
  poder de cura e – 55
  pregação da verdade e – 3
  pregação dos princípios edificantes e – 3
  preocupações com depósitos crescentes e – 55
  propósitos combativos e – 3
  renovação completa e – 3
  renúncia ao combate com o exterior e – 3

---

[1] Remete ao número do capítulo.

sugestões menos dignas e – 3
visita de Jesus e – 3

Arão, o curtidor
Jesus e – 34

Armeiro de Fassur
Jesus e – 7

B

Bartolomeu
benevolência de André e – 49
Jesus e – 36
medo e – 33

Bem
luz que não se apaga e – 22
persistência no * e vitória final – 8
preponderância do mal e triunfo do – 9

Boa-Nova
ensino da * e felicidade na Terra – 14, 52
Filipe e – 5
instruções da * e Ibraim ben Azor – 18
Judas e – 29
origem do material precioso e – 8
reunião na residência de Pedro e – 8
serviços da * e Jesus – 2, 4, 8
Tiago, filho de Zebedeu, e – 4
vitória da fraternidade e – 14

C

Caifás, Sumo Sacerdote
Judas, filho de Kerioth, e – 41

Caleb, o incensador
Jesus e – 35

Caridade
casa dos Apóstolos e – 46

Carpinteiro Nazareno *ver* Jesus

Celeste Amigo *ver* Jesus

Celeste Visitante *ver* Jesus

Calvário
entidades angélicas e – 38

Caminho do amor, No
Jesus e – 17

Campanha da paz
caridade da língua e – 49

Capa de santo, A
permanência a serviço dos homens e – 42

Casa dos Apóstolos
caridade e – 46

Celeste Benfeitor *ver* Jesus

Celeste Menino *ver* Jesus

Cólera
perseguidor cruel e – 28

Comodiano, Pompônio,
patrício notável
Jesus e – 25

Companheiro Celeste *ver* Jesus

Companheiro Eterno *ver* Jesus

Compassivo *ver* Jesus

Concílio ecumênico de Niceia
Jesus e – 59
João, filho de Zebedeu, e – 59
verdades deturpadas – 59

Condenado Divino *ver* Jesus

Condutor dos homens *ver* Jesus

Consciência
voz imediata de comando e – 2

Coração
purificação do * e socorro do Alto – 8

Cordeiro de Deus *ver* Jesus

D

D'Arsonval, cavaleiro
encontro divino, O, e – 45
Jesus e – 45

Datan, escriba
Jesus e – 19
palavra sigilosa e malevolente e – 19

reforma da fé e – 19
Terra da Promissão e – 19

Deus
ricos, pobres e – 1

Dionísio, frei
aparecimento de Jesus na Terra e – 59

Divina Criança *ver* Jesus

Divina visão, A
espera por Jesus e – 44
trabalho junto à multidão desconhecida e – 44

Divino Amigo *ver* Jesus

Divino Benfeitor *ver* Jesus

Divino Dispensador *ver* Jesus

Divino Doador *ver* Jesus

Divino Orientador *ver* Jesus

Doador da vida *ver* Jesus

Doce Nazareno *ver* Jesus

Dracma perdida
Amor Celeste e – 6

Druso
Túlia Prisca, esposa, e – 27

Dureza
carrasco da alma e – 28

E

Efraim ben Assef, caudilho de Israel
prisão de Jesus e – 37

Efraim, filho de Atad
enunciação das Boas-Novas e – 11
Jesus e – 11
posição do discípulo de perto e – 11
sonhos de grandeza terrestre e – 11

Efraim, filho de Bunan
fusão dos agrupamentos religiosos e – 23
Jesus e – 23
notícias do Reino de Deus e – 23
preceitos de Moisés e – 23

Efraim, filho de Jafar
apedrejamento da pecadora e – 16

Efraim, levita
planos de dominação e – 19

Eliakim
funcionário do Templo de Jerusalém e – 20
Jesus e – 20

Eliúde, o joalheiro
ladrão das viúvas e dos órfãos e – 24
Simão Pedro e – 24

Embaixador Divino *ver* Jesus

Embaixador do Céu *ver* Jesus

Embaixador do Eterno *ver* Jesus

Embaixador do Sumo Bem *ver* Jesus

Emissário de Deus *ver* Jesus

Emissário do Eterno Pai *ver* Jesus

Enfermidade
aguilhão da * corporal – 14

Escritura Divina do Evangelho
coração do discípulo e – 8

Esdras
Jesus e – 26

Espiritismo
felicitação e amparo na Terra e – 59
lições prestigiosas e – 59

Espírito
remédio salvador para o * envenenado – 14

Espírito das Trevas *ver* **Espírito perverso**

Espírito perverso
tentação no deserto e – 36

Eterno Benfeitor *ver* Jesus

Eterno Senhor *ver* Deus

Evangelho(s)
amparo, educação, edificação, salvação,

consolo, renúncia, amor, perdão e – 53
biografia de Jesus na Terra e – 59
construção sublime da alegria
    e do amor e – 50
ensinamento aos homens e – 2
grandeza do * e Filipe – 5
luz das nações e – 2
palavra de Jesus e – 48
Paternidade Celeste e – 2
transformação do mundo e – 9

Evangelho de Lucas
Simeão e – 1

Evangelho de Marcos
10: 17-22

Evangelho de Mateus
9: 12

Evangelistas
representação dos * em
    diversas basílicas – 59

Excelso Amigo *ver* Jesus
Excelso Benfeitor *ver* Jesus

F

Família
tranquilidade da * e apedrejamento da
    pecadora – 16

Fariseu
zelo no culto externo e – 31

Fé
reforma da * e Datan – 19
semente de mostarda e – 6

Filipe
Boa-Nova e – 5
dificuldades da marcha e – 5
diminuição da luz da revelação e – 5
graduação das visões e – 5
grandeza do Evangelho e – 5
Jesus e – 8, 36
medo e – 33
melhoria íntima e – 5
zombaria dos irmãos e – 49

Fraternidade
vitória da * e Boa-Nova – 14

G

Gad, fiscal de carnes impuras
cofres de ouro e prata e – 19

Gênio da Sombra *ver*
Espírito perverso

Gênio do Bem
prece de um lavrador e – 15

Gênio do Mal
brecha à influência e – 15

Gracus, Rufo, romano semiparalítico
Jesus e – 28

Guerra
origem da * maior – 28

H

Herodes
Simão Pedro e – 47

Homem
sofrimento, criação do – 14

Humanidade
regeneração e – 34

I

Ibraim ben Azor, o cameleiro
instruções da Boa-Nova e – 18
perdão, trabalho e – 18

Igorin, o curtidor
Jesus e – 22

Inesquecível Supliciado *ver* Jesus

Infante Sublime *ver* Jesus

Instrutor Sublime *ver* Jesus

Israel
tempo da redenção e – 40

J

Jacó, filho de Eliakim
  André e – 10
  Jesus e – 10
  receio da opinião pública e – 10
  visões do oculto e – 10

Jafé, rabino
  explorador de mulheres
  desventuradas e – 19

Jarim, o bêbado sistemático
  Simão Pedro e – 48

Jeremias, o curtidor
  Josué, o filho mais moço, e – 12
  Sara, filha, e – 12
  Simão Pedro e – 12
  Zoar, o filho mais idoso, e – 12

Jeroboão, filho de Acaz
  Jesus e – 24
  Judas, filho de Kerioth, e – 29

Jerusalém
  entrada gloriosa de Jesus e – 40

Jessé
  funcionário do Templo de
  Jerusalém e – 20
  Jesus e – 20
  orientação de Jesus e – 19

Jesus
  advocacia dos infelizes e – 6
  Amós, o mercador de cabras, e – 35
  anjo divino da caridade e – 38
  apedrejamento da pecadora e – 6
  Apolônio, o soldado da coorte, e – 35
  aprendiz de longe e – 11
  Arão, o curtidor, e – 34
  armeiro de Fassur e – 7
  Barrabás, o bandido, e – 39
  Bartolomeu e – 36
  Boa-Nova e – 2, 4, 8, 14, 32
  Caifás e – 41
  Caleb, o incensador, e – 35
  calúnia e – 20
  caminho do amor, No, e – 17
  caminho para o Reino de Deus e – 34
  candidato ao novo Reino e – 2
  capa de santo, A, e – 42
  casa do faraó – 1
  causa dos humildes e – 1
  cegueira espiritual nos seres
  humanos e – 26
  celebrações da Páscoa e – 34
  choro e – 36
  concílio ecumênico de Niceia e – 59
  criminoso de Cesareia e – 6
  cruz dos malfeitores e – 34
  D'Arsonval, o encontro divino e – 45
  dificuldade na ascensão e – 5
  discursos e – 1
  distribuidores da justiça e – 38
  divina visão, A, e – 44
  doadores de carinho e – 38
  Efraim ben Assef, caudilho
  de Israel, e – 37
  Efraim, filho de Bunan, e – 23
  embaixador da verdade e – 4
  embaixadores da harmonia e – 38
  emissários da beleza e – 38
  entendimento fraternal e – 26
  entrada gloriosa de * em Jerusalém e – 40
  enviados da Luz e – 38
  extensão do Reino de Deus e – 20
  Filipe e – 36
  Flávio Graco Acúrcio, questor, e – 25
  Igorin, o curtidor, e – 22
  impedimento na edificação do
  Reino Celeste e – 5
  informações do colégio apostólico e – 40
  injúria – 20
  inteligente instrutor e – 56
  interesses do Céu e – 1
  Jeroboão, filho de Acaz, e – 24
  Joab, o cambista, e – 22, 35
  Joana de Cusa e – 35
  João, filho de Zebedeu, e – 36
  José de Arimateia e – 25, 35
  Judas, filho de Kerioth, e – 8, 36, 41
  ladrões do último dia e – 51
  lavagem dos pés dos companheiros e – 40
  Lei de Moisés e – 8
  livros da sabedoria e – 1
  madeiro infame e – 35, 36, 38, 39, 51
  maledicência e – 20
  manjedoura e – 1
  Maria de Cleofas e – 35
  Maria de Magdala e – 35
  Mateus e – 36
  meretrizes e – 51
  multiplicação dos pães e dos peixes e – 30
  Nicodemos, o doutor da Lei, e – 35, 51
  óbolo da viúva e – 31

obra do auxílio e – 13
Parábola do joio e do trigo e – 13
perdão incondicional e – 20
perseguição do Sinédrio e – 40
perversidade e – 20
pescadores rústicos e humildes e – 2
Pompônio Comodiano, patrício
  notável, e – 25
pregação de * em Cafarnaum – 32
pretensão ao discipulado e – 7
príncipe esperado e – 11
prisão e – 29, 37, 39, 41
problemas do mundo e –26
púrpura imperial e – 1
quadros da Natureza e – 6
quatro cavalheiros de luzente
  aspecto e – 32
questões pequeninas do mundo e – 5
quinhão do discípulo, O, e – 57
quinhentos da Galileia e – 51
Quintiliano Agrícola, patrício
  ilustre, e – 25
Reino de Deus e – 24, 26, 30, 34
reserva ante as autoridades intelectuais e
políticas e – 25
ressurreição de Lázaro e – 39, 40
ressurreição e – 51
Rufo Gracus, romano
  semiparalítico, e – 28
saída de Betânia e – 40
seguidor de longe e – 11
semeador incompleto e – 56
semeador incompreendido e – 56
serviços da Boa-Nova e – 2
significação moral do
  aparecimento de * na
Terra – 59
Simão Pedro e – 46, 47, 48, 49, 51
Simão, o Cireneu, e – 35
símbolo da renovação e – 40
Simeão e – 1
socorro espiritual e – 20
Tanque de Betesda e – 17
templo de Jerusalém e – 1
templo de pedra e – 1
tentação no deserto e – 36
testemunho do apostolado e – 7
Tiago, filho de Alfeu, e – 50
Tiago, filho de Zebedeu, e – 36
toga dos magistrados e – 1
transformação de Israel e – 1
última tentação e – 36
últimas lições e – 40

Vicente de Paulo e – 43
voz da consciência e – 27
Zadias, liberto de Cesareia, e – 28
Zaqueu, o rico, e – 51
Zebedeu e – 36
Zeconias, o leproso, e – 28

Joab, o cambista
  Jesus e – 22, 35

Joachim ben Mad
  Simão Pedro e – 47

Joana, a mulher de Cusa
  Jesus e – 35
  Judas, filho de Kerioth, e – 29
  Simão Pedro e – 21

João, filho de Zebedeu
  ataque dos demônios e – 8
  concílio ecumênico de Niceia e – 59
  criminoso de Cesareia e – 6
  instrumento de escândalo e – 49
  Jesus e – 36
  Judas, filho de Kerioth, e – 58
  Maria, mãe de Jesus, e – 39

Jocanan, rabino
  administrador de lições e – 19

Jonas
  experiência de *, o borracho, e Tomé – 9

Jonathan
  Boas-Novas do Reino de Deus e – 20
  funcionário do Templo de
    Jerusalém e – 20
  gloriosa missão de Jesus e – 13
  Jesus e – 20

Joreb, o falsário infeliz
  Simão Pedro e – 47

José de Arimateia
  admirador desassombrado e – 25
  deveres políticos e – 35
  Jesus mistificador e – 25

Josué
  Jeremias, pai, e – 12

Judas, filho de Kerioth
  ambição desregrada e – 58
  apaixonado pelos ideais do Messias e – 29

bolsa de fundos da comunhão
apostólica e – 29
Caifás e – 41
cobiça flamejante no olhar e – 31
devolução das moedas de prata e – 41
ilusão com a política farisaica e – 36
Jeroboão e – 29
Jesus e – 8, 36, 41
Joana de Cusa e – 29
lição do poço e – 29
prisão do Mestre e – 29
referência amarga, conceito infeliz e – 29
réu diante da Humanidade e – 58
Simão Pedro e – 58
Zaqueu e – 29

Júnia, flor de prazer
Simão Pedro e – 48

Justiça
compreensão da * e apedrejamento da pecadora – 6

Lar
mulher e fuga ao ministério do – 16

Lázaro
ressurreição e – 39, 40

L

Lei de Moisés
renovação da * e Jesus – 8

Levi
críticas de *, e Tiago filho de Alfeu – 49
Jesus e– 8

Luz
mérito da * que foge da sombra – 50

M

Magnânimo *ver* Jesus

Mal
preponderância do * e triunfo do bem – 9
remorso e – 47

Malebel, oficial do Sinédrio
restaurador de Israel e – 30

Maledicência
algoz terrível e – 28

Manassés, explicador dos Salmos de Davi
constrangimento às mulheres imundas e – 19

Maria de Cleofas
Jesus e – 35

Maria de Magdala
Jesus e – 35

Maria, mãe de Jesus
João, filho de Zebedeu, e – 39
prisão de Jesus e – 39
recordação de Abraão e – 39

Matan
Jesus e – 26

Mateus
Jesus e – 36

Matias, o sucessor de Judas
Tiago, filho de Zebedeu, e – 58

Médico Celeste *ver* Jesus

Medo
adversário terrível e – 28
legítima compreensão da vida e – 33
verdadeiro amor ao próximo e – 33

Menahem, filho de Adod
André e – 10
herdeiro de grande fortuna e – 10
Jesus e – 10
sonhos milagrosos e – 10

Menino Celeste *ver* Jesus

Mensageiro de Deus *ver* Jesus

Mensageiro do Pai *ver* Jesus

Messias *ver* Jesus

Mestre *ver* Jesus

Mestre das Boas-Novas *ver* Jesus

Moab, filho de Josué
André e – 10
Jesus e – 10

prodígio nas escrituras e – 10
promessa de alto encargo político e – 10
Simão Pedro e – 24

Moisés
morte no monte Nebo e – 52

Multiplicação dos pães e dos peixes
esquecimento e – 30
Jesus e – 30

N

Nasson, o sacerdote
venda a preços infames e – 19

Natureza
ensinos do bem e quadros da – 6

Nazareno *ver* Jesus

Nebo, monte
morte de Moisés e – 52

Nenrod, zelador do Santo dos Santos
malfeitor contumaz e – 19

Nicodemos, o doutor da Lei
Jesus e – 35, 51

P

Palavra
símbolo da * preciosa e da * infeliz – 15

Parábola do joio e do trigo
Jesus e – 13

Pastor Divino *ver* Jesus

Paulo de Tarso
Simão Pedro e – 59

Pedro, Simão
Amenab e – 47
Amós e – 47
Carpo, o romano, e – 21
corrigenda, mulher pecadora e – 16
Eliúde, o joalheiro, e – 24
escribas do Templo, inquérito verbal e – 52
esmero de * no sustento da ordem – 49

exploração da ideia do Reino de Deus e – 13
Herodes e – 47
hesitações e – 53
Jarim, o bêbado sistemático, e – 48
Jeremias, o curtidor, e – 12
Jesus e – 46, 47, 48, 49
Joachaz, o malfeitor, e – 48
Joachim ben Mad e – 47
Joana, a mulher de Cusa, e – 21
João, filho de Zebedeu, e – 58
Joreb, o falsário infeliz, e – 47
Judas, filho de Kerioth, e – 58
Júnia, flor de prazer, e – 48
medo e – 33
negação de Jesus e – 36, 51
Paulo de Tarso e – 59
piores inimigos e – 28
prova do fenômeno da ressurreição e – 52
reunião na residência de * e Boa-Nova – 8
Roboão e – 46
socorro para as almas puras e – 46
sugestões do mal e – 8
ternura de uma oliveira nascente e – 36
trabalho eficiente pelo Reino de Deus e – 28
Zaqueu e – 21
Zebedeu e – 21
Zenon e – 46
Zobalan, o curtidor, e – 21

Pescador de Cafarnaum *ver* Simão Pedro

Pilatos, Pôncio, o administrador romano
dispositivos da lei, exigências do povo e – 39

Príncipe das Sombras *ver* Espírito perverso

Prisca, Túlia
Druso, esposo, e – 27
feiticeiro do Velabro e – 27
Jesus e – 27

Profeta Nazareno *ver* Jesus

Purificação
adversários e – 54

Q

Quinhão do discípulo, O
  Jesus e – 57

R

Raquel, esposa de Jeconias
  Jesus e – 26

Reino de Deus
  caminho e – 34
  dor e – 34
  enfermo e – 34
  exploração da ideia do * e
    Simão Pedro – 13
  felicidade, poder e – 34
  festas de vitória e – 39
  filhos de todos os povos e – 34
  guerras e – 34
  incorporação e – 4
  inveja, egoísmo e – 34
  lar e – 34
  responsabilidade do homem e – 34
  seara do lavrador e – 34
  Sol e – 34
  Tomé e – 9
  trabalho e – 34
  trigal e imagens do – 6
  viuvez, orfandade e – 34
  Zacarias e – 34

Remorso
  mal e – 47

Restaurador *ver* Jesus

Revelação Nova *ver* Boa-Nova

Roboão
  Simão Pedro e – 46

S

Sábio dos sábios *ver* Jesus

Salário do discípulo
  alegria na prática da bondade e – 2

Sara
  Jeremias, pai, e – 12

Senhor *ver* Jesus

Simão, o Cireneu
  Jesus e – 35

Simeão
  Jesus e – 1
  templo de Jerusalém e – 1

Sinédrio
  chefes do * e orgulhosas tradições – 26

Socorro espiritual
  melhor remédio para os que
    nos atormentam – 19

Sofrimento
  criação do homem e – 14

Sublime Revelador *ver* Jesus

Supremo Senhor *ver* Deus

T

Tadeu
  Jesus e – 8

Tanque de Betesda
  Jesus e – 17

Templo de Jerusalém
  arca de contribuições públicas e – 31
  casa bendita de fé e – 4
  Jesus e – 1

Tiago
  Boa-Nova e – 4
  condenação e – 47
  considerações sobre a língua
    humana e – 58
  criminoso de Cesareia e – 6
  Jesus e – 36
  lembranças de Jesus e – 58
  Matias, o sucessor de Judas, e – 58
  medo e – 33
  motivo de escândalo e – 33
  ódio, perseguição e – 8
  renovação e – 4
  vozes da Lei e – 4
  Zebedeu, pai, e – 4, 22

Tiago, filho de Alfeu
  críticas de Levi e – 49

diretrizes ante os fariseus e – 8
distúrbios da multidão e – 50
ensinamentos de Moisés e – 50
excessos de tolerância e – 50
Jesus e – 50

Todo-Compassivo *ver* Deus

Todo-Poderoso *ver* Deus

Tomé
experiência de Jonas, o borracho, e – 9
Jesus e – 8
Reino de Deus e – 9

Simão Pedro e – 21
Tiago, filho, e – 4

Zeconias, leproso
Jesus e cura do – 28

Zenon
Simão Pedro e – 46

Zoar
Jeremias, pai, e – 12

Zobalan, o curtidor
Simão Pedro e – 21

V

Vaidade
verdugo sutil e – 28

Vaticano
escravização das consciências e – 59
luxo nababesco e – 59
moedas a mancheias e – 59
riquezas das traças e dos vermes
da Terra e – 59

Vicente de Paulo
Jesus e – 43
túnica da pobreza e – 43

Vidente de Patmos *ver* João,
filho de Zebedeu

Z

Zacarias
morte de Zorobatel, o sapateiro, e – 24
Reino de Deus e – 34
Simão Pedro e – 24

Zadias, liberto de Cesareia
Jesus e – 28

Zaqueu, o rico
Jesus e – 51
Judas, filho de Kerioth, e – 29
Simão Pedro e – 21

Zebedeu
Jesus e – 36
João, filho, e – 22, 40, 52

EDIÇÕES DE
NO ROTEIRO DE JESUS

EDIÇÃO	IMPRESSÃO	ANO	TIRAGEM	FORMATO
1	1	2008	2.000	14X21
1	2	2008	2.000	14X21
2	1	2008	2.000	14X21
2	2	2009	3.000	14X21
2	3	2010	4.000	14X21
2	4	2013	1.000	14x21
2	5	2014	400	14x21
2	6	2014	1.000	14x21
2	7	2015	500	14x21
2	8	2015	800	14x21
2	9	2016	3.000	14X21
3	1	2018	3.100	14x21
3	2	2018	1.000	14x21
3	IPT*	2022	800	14x21
3	IPT	2023	500	14x21
3	IPT	2023	500	14x21
3	IPT	2024	500	14x21
3	7	2024	1.000	14x21

*Impressão pequenas tiragens

FEB editora
Livro espírita para um novo mundo
www.febeditora.com.br
@febeditoraoficial
@febeditora

Conselho Editorial:
Carlos Roberto Campetti
Cirne Ferreira de Araújo
Evandro Noleto Bezerra
Geraldo Campetti Sobrinho – Coord. Editorial
Jorge Godinho Barreto Nery – Presidente
Maria de Lourdes Pereira de Oliveira
Miriam Lúcia Herrera Masotti Dusi

Produção Editorial:
Elizabete de Jesus Moreira

Revisão:
Neryane Paiva
Elizabete de Jesus Moreira

Capa e Diagramação:
Thiago Pereira Campos

Projeto Gráfico:
Ingrid Saori Furuta

Foto de Capa:
Carlosphotos/ istockphoto.com

Normalização Técnica:
Biblioteca de Obras Raras e Documentos Patrimoniais do Livro

Esta edição foi impressa pela Hellograf Artes Gráficas Eireli, Curitiba, PR, com tiragem de 1,2 mil exemplares, todos em formato fechado de 140x210 mm e com mancha de 100x170 mm. Os papéis utilizados foram o Off white slim 65 g/m² para o miolo e o Cartão 250 g/m² para a capa. O texto principal foi composto em fonte Adobe Garamond Pro 13/15 e os títulos em Adobe Garamond Pro 28/26. Impresso no Brasil. *Presita en Brazilo.*